리얼Real
항공
승무원

여는 글

환한 웃음 뒤 보람찬 땀방울,
항공 승무원의 세계

드라마 〈응답하라 1988〉의 주인공 덕선이는 어느 날 밤 항공 승무원이 되어 쌍문동 골목에 나타납니다. 여고 시절 즐겨 입던 멜빵바지와 청재킷은 사라지고, 단정한 스튜어디스 유니폼이라니……. 말괄량이 같던 덕선이의 어린 시절 이미지를 떠올리면 '덕선=스튜어디스' 공식은 전혀 성립될 것 같지 않은데 말이지요. 방송에 제대로 나오지 않은 5년의 시간 동안 대체 덕선이는 무엇을 한 걸까요?

'항공 승무원'이라고 하면 단정하게 빗어 넘긴 머리와 깔끔한 유니폼, 커다란 여행용 가방이 먼저 떠오릅니다. 옷차림 때문인지, 특유의 분위기인지, 항공 승무원은 어디를 가든 사람들의 눈길을 끕니다. 그래서일까요? 여학생들이 희망하는 직업을 꼽을 때면 항공 승무원은 항상 상위권에 오릅니다.

　　항공 승무원은 여러 사람을 대하는 직업입니다. 비행기 안으로 들어서는 손님에게 반가운 얼굴로 인사를 건네고, 비행기가 이륙하기 전 손님이 모두 좌석벨트를 매었는지 일일이 확인하고 난 뒤에야 출입구 옆 점프시트 (Jump Seat, 항공 승무원 전용의 접이식 의자)에 앉습니다. 상공으로 날아오른 비행기가 안정이 되면, 항공 승무원들은 음료부터 시작하여 기내식 서비스를 제공합니다. 손님이 편안하게 잠을 잘 때에도 승무원은 깨어 있습니다. 혹시 불편한 점은 없는지, 도움을 필요로 하는 사람은 없는지 따뜻한 마음으로 세심하게 손님을 보살핍니다. 비행이 완전히 끝날 때까지 항공 승무원은 오로지 손님의 안전을 생각합니다. 손님이 모두 무사히 목적지에 도착한 뒤에야, 별 탈 없이 비행이 끝난 것에 안도하며 뿌듯함을 느낍니다.

　　많은 사람들의 관심을 받는 그들의 화려한 모습 뒤에는 안전한 비행, 질 높은 서비스를 위한 노력이 숨어 있습니다. 항공 승무원은 전문성을 기르기 위해 다른 어떤 직업보다 다양한 교육을 받습니다. 근무하는 내내 자격 평가를 받아야 하고, 이를 통과해야만 승무원으로서 계속 근무할 수 있습니다. 그 수많은 노력의 결과로, 항공 승무원은 전문직으로 인정받고 있습니다.

항공 승무원을 꿈꾸며 준비하는 청소년들을 위해 두 명의 멘토를 초대했습니다. 말괄량이 덕선이가 어떻게 멋진 승무원으로 거듭났는지, 그 변신의 비결을 멘토들이 친절하게 알려줄 것입니다.

밝은 미소로 아낌없이 조언을 들려 준 송현주, 오윤혜 두 항공 승무원과 아시아나항공 홍보팀에 깊은 감사의 인사를 전합니다.

<MODU>매거진 편집부, 이정호

　오늘 비행은 파리행. 약 열두 시간의 긴 비행이다. 오전 9시 인천공항에서 출발하는 비행기를 타기 위해 아직 새벽 5시가 채 되지 않은 시각, 서둘러 일어나 씻고 화장을 한다. 은은하되 완벽한 메이크업, 흐트러지지 않게 단단히 헤어 스프레이로 머리를 고정하고 거울 앞에서 매무새를 점검한다. 파리에서 하루를 묵어야 하기에 캐리어에 잠옷과 휴대폰 충전기, 간단히 읽을 책 한 권과 운동복을 챙겨넣는다. 신입일 때는 이것저것 잔뜩 넣어 다녔는데 경력이 쌓일수록 캐리어가 더 가벼워지는 것 같다.

　서두른 덕에 회사에 일찍 도착. 이번 비행에는 친한 후배와 같은 팀으로 배정받았다. 이 후배와는 1년 만에 같은 비행팀이 되었다. 그동안 SNS로 서로 안부를 챙겼지만, 함께 비행을 하는 건 간만이라 반갑게 인사를 나눈다. 컴퓨터로 회사의 공지사항을 확인하고 나니 어느새 브리핑 시간. 사무장님의 브리핑이 시작된다.

　"A380, 파리행 9시 출발, 총 315명 손님이 탑승 예정……."

　부드러우면서도 카리스마 있는 사무장님의 브리핑이 끝나고 오늘 일할 구역을 배정받았다. 내가 맡을 구역은 비즈니스석. 함께 비즈니스석 서비스를 할 승무원들과 별도의 브리핑 시간을 갖고, 특이사항을 점검한다. 쇠고기를 빼달라고 한 인도 손님과 당뇨로 인한 조절 식사를 주문한 분이 있었다. 비행 내내 특별한 관리를 요청한 여든이 넘은 손님도 있다. 체크해야 할 사항을 꼼꼼히 챙기고 공항행 버스에 몸을 싣는다.

비행기에 올라 다시 기장님을 비롯한 비행에 참여하는 전원이 브리핑에 참석했다. 오늘 파리의 기상상황이 좋지 않아 도착할 즈음 난기류가 예상된다고 한다. 승무원들에게 이러한 정보는 정말 중요하다. 갑작스런 난기류 때문에 손님들이 당황할 테고, 불편을 호소하는 손님도 생길 수 있으니 미리 대비해야 한다.

식사는 제대로 실렸는지, 비품은 모두 제자리에 있는지 확인하고 나니, 어느새 탑승 시간이 되었다. 여행의 설렘이 가득한 배낭여행객들과 사업차 출장을 가는 것이 분명해 보이는 손님 등 각기 다른 이유로 파리행 비행기에 오르는 손님들. 밝은 미소로 손님들을 맞고 자리 안내를 돕는다.

오늘도 멋진 비행이 시작되었다.

✈ 차 례

chapter 3 내가 일하는 곳은 **저 높은 하늘**

OSLO SAO PAULO
MANILA
ISTANBUL LIMA
VIENNA CHICAGO
SINGAPO

ME
OGOTA
DOHA
SYDNEY
SAO PAULO
LOS ANGELES
AMSTERDAM
DUBLIN KYOTO
BUENOS AIRES LAS VEGAS PARIS NEW YO
BUENOS AIR
HONG KONG PHOENIX BERLIN BARCELONA
SHANGHAI MOSCO
CAIRO
ROME
MIAMI TORONTO BANGKOK GUANGZHOU
CAIRO DENVER

J
BR
MIA

PART 1

항공 승무원이 되고픈 **청소년**들을 위해
베테랑 승무원들이 들려주는 **진짜 승무원 이야기!**

항공 승무원이 들려주는
항공 승무원 이야기

송현주 승무원

송현주 승무원은 아시아나항공에서 근무하고 있다.
직급은 사무장이며, 캐빈서비스1팀 이미지 메이킹을 담당하고 있다.

어렸을 때는 선생님이었던 아버지처럼 교사가 되기를 꿈꾸기도 했고, 고등학
생 때는 작가가 되기를 꿈꿨다. 대학에서 국어국문학을 전공했는데, 졸업을
앞둔 4학년 때 막연히 '항공 승무원이 되면 어떨까?' 하는 마음으로 준비한
시험에 덜컥 합격하여 승무원이라는 직업을 갖게 되었다.

현재 19년차 베테랑 승무원으로, 뛰어난 자기관리와 노력으로 후배들의 존
경을 받고 있다.

오윤혜 승무원

오윤혜 승무원 역시 아시아나항공에서 근무하고 있다.

직급은 부사무장이며, 캐빈서비스훈련팀 안전교관으로도 활동하고 있다.

항공정비사인 아버지의 영향으로 어릴 적부터 승무원이 되기를 꿈꾸었고 대학 시절 내내 부단히 노력하고 준비한 결과, 마침내 항공 승무원이 되었다.

오랜 꿈이었기에 더욱 자긍심을 가지고 12년차 승무원으로 근무하고 있다.

꿈꾸는 것보다 노는 게 좋아!

01

비행기는 보지도 못했던 아이,
비행장 옆에 살았던 아이

먼저, 두 분의 **어린 시절 이야기**가 궁금합니다. **고향**은 어디신지요?

송현주   저는 경기도의 작은 동네에서 어린 시절을 보냈어요. 도시 아이들과
달리 밖에 자주 나가 뛰어놀았죠. 온종일 친구들과 동네 뒷산을 뛰어다녔어
요. 집 마당에 넓은 그늘을 만들어주던 포도나무, 앵두나무도 생각나네요.
친구들과 함께 나무 아래에서 여러 가지 놀이를 했어요. 겨울철 꽝꽝 언 호
수에서 언니들과 함께 스케이트를 탄 기억도 있구요. 그곳에서의 어린 시절
동안에는 당연하게도, 비행기를 한 번도 볼 수 없었어요.

오윤혜   저는 김포공항과 가까운 동네에서 태어나고 자랐어요. 어린 시절
내내 항상 뜨고 내리는 비행기를 보고 자랐고, 어느 동네든 공항이 있을
거라 생각했어요. 세상의 모든 동네에는 그 중심에 공항이 있고 비행기가
뜨고 내릴 거라 생각한 거죠. 그만큼 저에게 비행기와 공항은 너무나 당연
한 존재였어요.

부모님은 **어떤 분**이신지 궁금해요.

송현주 아버지는 초등학교 선생님이셨어요. 아버지께서는 특수학급 아이들을 지도하기도 하셨는데, 사랑과 배려에 대해 자주 말씀하셨어요.
"남을 배려해야 한다. 다른 사람의 입장을 존중해라."
어린 마음에 그 말이 어떤 의미인지 다 헤아릴 수는 없었지만, 아버지의 가르침이었기에 가슴속 깊이 새겨두었어요. 또, 언니 둘과 함께 자라면서 자연스럽게 남을 배려하는 자세를 배울 수 있었어요.

오윤혜 저희 부모님은 문제가 생기면 스스로 해결하도록 지켜보셨어요. 그리고 늘 말씀하셨어요.
"학교는 네가 다니는 곳이다. 친구 관계나 선생님과의 관계는 스스로 만들어가는 것이지 부모가 해 주는 건 아니다."
반장이나 부반장이 되어서 기쁜 마음에 집으로 뛰어 오면, "네가 훌륭하고 남들보다 잘나서 리더가 된 것이 아니다. 정말 똑똑한 사람은 잘난 척을 하지 않는다."라고 조언해 주셨어요. 부모님의 이런 가르침 때문에 스스로를 객관적으로 볼 수 있는 사람으로 자랄 수 있었던 것 같아요.

학창 시절, **가장 큰 관심사**는 무엇이었나요?

송현주 단연 친구 사귀기가 아니었나 싶어요. 이사를 자주 다닌 편이라

새로운 학교에 적응하려면 한시라도 빨리 친구들과 가까워져야 했거든요. '친구들과 어떻게 하면 잘 지낼 수 있을까?' 하는 고민을 가장 많이 한 것 같아요. 다행히 세 번째 전학에서 만난 친구들과 가까워져서 큰 힘이 되었어요.

또 어릴 때부터 책 읽는 걸 좋아했어요. 전학을 해도 변함없이 내 옆에 있는 건 좋은 책 한 권이라 생각했던 것 같아요. 책에 나온 좋은 글귀를 예전에 다니던 학교에서 친했던 친구에게 편지로 전하며 우정을 지켜갔어요.

오윤혜 저는 '어떤 일을 하면 행복할까? 내가 잘할 수 있는 일은 무엇일까? 내가 열정적으로 몰입할 수 있는 일은 무엇일까?' 하는 질문에 관심이 많았어요. 어른이 되어 직업을 가져야 할 때 단순히 돈을 벌기 위한 일이 아니라 진짜 하고 싶은 일을 하면 좋겠다고 생각했죠. 어릴 때 자전거를 타는 걸 좋아했는데, 좋아하는 음악을 들으며 자전거를 타면서 미래의 제 모습을 많이 상상했어요. '스무 살의 나는 어떤 모습일까? 서른 살의 나는 무슨 일을 하며 살고 있을까?' 하고 상상하면서 스스로에 대한 구체적인 모습을 떠올리고 목표를 세우기도 했지요.

✈ 02

항공 승무원에 어울리는
성격은 따로 있을까?

어린 시절 성격은 어땠어요? 항공 승무원이라는 직업과 어울리는 **성격**이었나요?

송현주 글쎄요, 좀 내성적이고 소심한 편이었던 것 같아요. 그래서 먼저 적극적으로 나서기보다는 시키는 일을 조용히, 묵묵히 하는 편이었어요. 그런 저의 성격 때문에 어려움을 겪었던 적도 있어요. 초등학교 3학년 때 제가 학급 반장이었는데, 보관하고 있던 우유 급식비가 몽땅 없어지는 일이 생겼어요. 누군가가 훔쳐간 거였죠. 얼마나 당황했던지……. 고민하다 혼자서 해결할 수 있는 것이 아니어서 담임선생님께 사실대로 말씀 드렸어요. 그런데 선생님께서 부모님에게 말씀 드리라고 하시는 거예요. 소심한 성격 탓에 저는 1주일 넘게 엄마에게 말하지 못했어요. 이런 일이 생긴 게 다 제 탓인 것만 같고, 혼날 것 같기도 하고……. 며칠이 지나 결국 선생님께서 집에 전화를 하셨고, 엄마께서 급식비를 물어주셨어요. 1주일 동안 마음 졸이며 지냈던 기억이 아직도 생생해요.(웃음)

어른이 된 지금도 낯을 가리는 편인데, 신기하게도 승무원 유니폼을 입으면 변신해요. 누구에게나 먼저 말을 걸고 다가갈 수 있거든요.(웃음)

오윤혜 전 자유롭고 활달한 편이었어요. 그런데 또 반대로, 단체 생활도 좋아해서 규정을 지키고 절제된 자세를 갖추는 것도 좋아했어요.
단발머리를 해야 한다면 꼭 단발머리를 했고, 흰 양말을 신어야 한다는 규정이 있으면 아이보리색도 결코 스스로 용납하지 않았어요. 멋을 부리고 싶은 마음도 있었지만, 뭔가 어긋나 보이는 게 싫었거든요. 어찌 보면 좀 고지식했던 게 아닐까 해요. 하지만 어릴 때부터 자기관리를 철저하게 하고 원칙을 지키는 성격이었던 것이 지금 이 일을 하는데 큰 도움이 되는 것 같아요.

어린 시절 **가장 영향을 많이 끼친 사람**은 누구였나요?

송현주 저는 아버지의 영향을 많이 받았어요. 지금까지도 저의 가장 든든한 후원자이자, 제가 가장 존경하는 분이 바로 아버지예요. 아버지께서는 아침마다 저와 언니들을 무릎에 앉히고 밥을 먹인 후에, 손을 잡고 함께 등교하셨어요. 아버지께서 교사로 근무하시는 초등학교에 저희 자매들이 모두 다녔기 때문에 자연스레 아버지와 함께 있는 시간이 많았어요.
아버지께서는 무척 다정다감하신 분이라서 저희와 많은 대화를 나누셨죠. 저희가 어떤 얘기를 하던지 늘 격려해 주시고 한번 도전해 보라며 용기를 주셨어요. 자기 일은 스스로 할 수 있도록 맡겨주셨기 때문에 책임감을 느끼고 무슨 일이든 최선을 다하는 자세를 기를 수 있었던 것 같아요. 아버지 다음으로 저에게 영향을 준 건 큰언니예요. 큰언니는 책을 많이 읽어서 생각이 깊은 편이었어요. 언니의 모습을 보며 영향을 받았기에, 성장기 내내 저 역시 철학적으로 고민하고 깊게 생각하는 법을 익힐 수 있었던 것 같아요.

오윤혜 저도 아버지께 큰 영향을 받았어요. 항공정비사인 아버지 덕에 아버지께서 근무하시는 항공사에 가본 적이 있었어요. 어마어마하게 큰 비행기 엔진에서 나는 압도적인 소리를 들으니 심장이 마구 뛰더라고요. 자신이 정비한 엔진을 비행기에 장착해서 하늘로 띄우는 아버지가 정말 자랑스러워 보였어요. 항공사에서 꼭 일해야겠다고 마음먹은 때가 바로 그때였죠. 아버지께서 다듬고 만져놓은 비행기를 딸인 제가 꼭 타보고 싶었거든요.
아버지는 항상 맡은 일에 자부심을 가지고 최선을 다하셨어요. 진심으로 당신의 일을 즐기셨지요. 지금도 이렇게 말씀하세요.
"'나보다 이 일을 더 잘 아는 사람 나와 보라 그래!'라는 말이 스스럼없이 나올 만큼 자신감 있게 일해야 한다. 자만하라는 것이 아니라 그만큼 자신의 일에 전문적이어야 한다."
항상 아버지의 말씀을 가슴에 새기며 제 일에 최선을 다하고 있답니다.

chapter
2

항공
승무원이
되기로
하다

항공운항과를
전공해야만 할까?

이제 좀 더 **성장한 후의 이야기**를 나눠보도록 하죠. 두 분은 **대학에서 무엇을 전공**하셨나요? **항공운항과**를 전공하셨나요?

송현주 고등학교 시절에 '어른이 되면 어떤 직업을 가져야 할까?' 하는 고민이 많았어요. 흔히 남들이 좋은 직업이라고 하는, 정해진 길로 가야 한다고는 생각하지 않았어요. 그래서 미리 걱정하지 말고, 대학에 가서 나에게 맞는 진로가 무엇인지 더 알아보고 고민하면서 나만의 길을 찾기로 했어요.

대학에서의 전공은 어느 분야로 진출하든 도움이 될 수 있을 만한 전공을 선택해야겠다고 생각했고, 이런저런 고민 끝에 국어국문학을 선택했어요. 어린 시절부터 작가가 되고 싶다는 생각을 하기도 했었고, 꼭 작가가 되지 않더라도 졸업 후에 직업을 선택할 때 큰 고민이나 제약이 없을 거라 생각했기 때문이죠. 언론이나 방송 쪽으로 진출하는 데에도 관심이 있어서 국문학과를 전공하면 우리말의 기본을 제대로 익힐 수 있겠다 생각해서 선택했어요.

재미있는 건 대학생이 된 후에도 4학년이 될 때까지 승무원이 되겠다는 생각을 한 번도 해본 적이 없다는 거예요.(웃음) 대학 시절에만 할 수 있는 다양한 활동에 관심을 가졌기에 이런 저런 활동을 하며 경험을 쌓고, 학업에 충실하며 지냈죠.

오윤혜 저는 대학에서 영미언어문화학과를 전공했어요. 외국어 계열을 전공하면 승무원이 되는 데 도움이 될 거라고 생각했기 때문이에요. 그런데 영미언어문화학과에서 배우는 것들이 제가 생각했던 것과는 좀 달랐어요. 영어의 음운론과 통사론, 영미문학의 배경과 변천사 등을 배웠는데, 제 적성과는 좀 안 맞는다는 생각이 계속 드는 거예요. 그래서 전공과목은 최소 학점만 수강하고 다중 전공으로 언론학을 공부했습니다. 그래도 영미언어는 포기하지 않았어요. 영어가 승무원이 되는 데 필수조건이니까요. 그때 노력하며 익힌 영어 발음이 승무원으로서 기내방송을 하는 데 큰 도움이 되고 있어요.

대학 시절에 특별히 동아리나 **다른 교내외 활동**을 하신 게 있다면 알려주시겠어요?

송현주 저는 대학교 때 학교 홍보 모델로 활동했어요. 학교 소개 카탈로그를 만드는 것에 참여하면서 홍보용 사진을 찍었는데, 그 과정에서 좋은 이미지를 전달하는 일이 얼마나 중요한지, 어떻게 하면 좋은 인상으로 좋은 느낌을 전달할 수 있는지를 깨달았어요. 이때의 경험이 승무원이 되는 데 큰 도움이 된 것 같아요.

오윤혜 전 대학 1학년 때 교내 방송국 동아리 활동을 했어요. 동아리 동기들, 선배들과 서로의 아이디어를 공유하며, 새로운 것을 만들어간다는 뿌듯함에 방송국 활동에 푹 빠졌어요. 그런데 동아리 활동에 너무 열정을 쏟는 통에 전공 수업을 거의 들어가지 못해서 F학점을 받았지 뭐예요.(웃음)
대학은 담임선생님처럼 통제해 주는 분이 없이 스스로 모든 관리를 해야 하잖아요. 그때는 아직 어렸고 일정을 자유롭게 스스로 관리해 본 적이 없었기 때문에 실수 아닌 실수를 한 거죠. 하지만 학교 방송국 동아리 활동을 한 것에 대한 후회는 없었어요.

'내가 이렇게 무언가에 집중할 수 있는 사람이구나!' 하는, 좋아하는 일이라면 열정을 다해 매진하는 저의 새로운 면을 알 수 있었으니까요.

'부진했던 나의 과거를 만회해 보자.'는 각오로 1학년 때 F학점을 받은 강의를 4학년 때 재수강했어요. 열심히 수업에 참여하며 최선을 다했죠. 그런데 하필 아시아나항공 승무원 면접일이 그 수업과 같은 날짜로 잡힌 거예요. 또 수업을 빠지면 학점이 잘 안 나올 테고, 졸업이 불가능할 수도 있는 상황이었어요. 고민 끝에 교수님께 사정을 설명했어요. 그랬더니 교수님께서 그러시더라고요. "붙을 자신 있나?" 그래서 "기회를 주신다면 가서 꼭 붙어서 오겠습니다!" 하고 대답했어요. 그러자 교수님은 다녀오라고 흔쾌히 허락하셨죠. 하지만 막상 합격발표가 나기 전까지 너무 불안했어요. '승무원 시험도 떨어지고 학점도 떨어지는 건 아닐까?' 하고 말이죠. 다행히 합격했고, 그 과목의 학점도 괜찮게 나왔어요.(웃음)

항공 승무원 준비를
시작하다

송현주 승무원은 **어린 시절 꿈**이 작가였다고도 했고, 여러 **가능성**을 열어두고 대학에 진학했다고 하셨는데, **항공 승무원이 되기로 결심한 계기**가 궁금해요.

송현주 대학생 때 내레이터 모델 아르바이트를 한 적이 있는데, 그때 함께 일하던 분이 저에게 "아나운서나 승무원에 어울리는 이미지를 가졌네요."라는 말을 했어요. 돌이켜 생각해 보면 이때 처음으로 승무원의 꿈을 가지게 된 것 같아요.

그분이 하신 한마디에 '승무원? 한번 지원해 볼까?' 하는 마음이 처음으로 생겼거든요. 사실 그때까지만 해도 승무원이라는 직업에 대해 제대로 아는 게 없었어요.

승무원이란 직업에 대한 호기심을 키우던 중, 학교에서 취업박람회가 열렸어요. 그곳에서 현직 승무원을 직접 만나 대화를 나눌 기회를 가졌고, 그 후 승무원에 대한 관심이 더욱 커졌어요. 하지만 이때까지도 승무원 입사

시험에 대해서는 '영어 시험을 본다, 체력 테스트를 한다, 면접이 중요하다.' 처럼 단편적인 정보만 알 뿐이었어요. 그래도 '일단 도전해 보자.'라고 생각 했죠.

아시아나항공부터 지원해 보기로 결심하고 여름방학 때 본사에 가서 원서를 낸 기억이 나네요. 원서를 내니 키를 재더라고요. 얼떨떨한 기분으로 키를 재고 나서야 '아, 내가 진짜 승무원이 되려고 하는구나.' 하는 실감이 들었죠. 그때부터 본격적으로 영어와 면접시험 준비를 했어요. 조금 늦게 준비한 감이 있었지만 그만큼 최선을 다했어요.

오윤혜 승무원은 **어린 시절부터** 항공 승무원을 꿈꾸었으니까 일찌감 치 시험을 준비했을 것 같아요.

오윤혜 맞아요, 어릴 때부터 항공사에서 일하고 싶었기 때문에 진작부터 승무원이 되어야겠다는 꿈을 키웠어요.

어린 시절부터 항공 승무원을 꿈꾼 오윤혜 승무원

차근차근 준비하다 대학 4학년 때 승무원 응시 지원서를 내려는데, 그 당시 저는 몸무게가 좀 많이 나가는 편이었어요. 친구들이 "그 몸매로는 승무원이 될 수 없을 것 같다."고 말하더라고요.(웃음) 그래서 일단 몸부터 만들어야겠다고 생각해서 다이어트에 돌입했어요.

하루에 수영을 3시간 하고 헬스까지 했죠. 그런데 맛있는 음식은 도저히 참을 수 없는 거예요. 그래서 생각을 바꿨어요. 살을 빼기 위해서가 아니라 마음 편하게 맛있는 걸 즐길 수 있도록 운동을 하자고 말이죠. 그러면 좀 더 즐겁게 운동에 몰입할 수 있잖아요.(웃음) "맛있는 걸 먹으려면 운동을 해야 해!"라고 다짐하면서 마치 고3 때 입시준비 하듯이 열심히 다이어트를 했고 8kg을 감량했어요. 그리고 친구들 보란 듯이 당당하게 지원서를 제출했죠.(웃음)

정말 의지가 대단하시네요. 다이어트 외에, 또 **어떤 준비**를 하셨나요?

오윤혜 취업 관련자료도 열심히 모았어요. 인터넷 카페에 승무원을 준비하는 사람들 모임이 있더라고요. 게시물들을 읽을수록 승무원을 꿈꾸는 사람이 생각보다 많고 다들 열정도 대단하다는 걸 알고 적잖이 놀랐어요.

그들이 나누는 승무원 관련정보를 열심히 읽으며 저에게 필요한 정보를 정리해 나갔어요. 예비 승무원들의 스터디 모임에는 꼭 나갔어요. 같은 꿈을 가진 사람들끼리 모여서 취업정보를 나누고 면접시험 문제를 공유했죠.

공채정보를 알음알음 알아내기도 하고, 승무원 양성학원에서 학원생 모집 설명회를 하면 빠지지 않고 찾아갔어요. 설명회에서 이뤄지는 승무원 출신 선배님의 강의가 도움이 많이 되거든요. 모의 면접을 유심히 지켜보면서 면접 분위기를 익히고, 질의응답을 꼼꼼하게 메모했어요. 어떤 준비를 해야 할지 직접 뛰면서 열심히 알아낸 것이지요.

두 분의 면접시험 때가 궁금해요. 항공 승무원 면접은 일반적인 회사의 면접과 많이 다르죠?

오윤혜 대부분 면접 복장은 흰 반팔 블라우스 셔츠에 검은 치마 정장으로 정해져 있어요. 저는 겨울에 면접시험을 봤어요. 그러다보니 집에 마땅한 반팔 블라우스가 없는 거예요. 겨울이라 반팔 옷을 파는 곳도 많지 않고요. 결국 긴팔 블라우스를 사서 수선을 맡기고, 검정 치마도 제 몸에 딱 맞게 줄였어요. 복장 하나하나가 면접에서의 첫인상에 큰 영향을 줄 거라 생각했기 때문에 꼼꼼하게 준비했어요.

메이크업도 고민이었어요. '돈을 좀 들여서라도 전문가에게 맡기는 게 낫지 않을까?'하고 고민하다 직접 하기로 결정하고 연습에 연습을 더했어요. 메이크업한 내 얼굴을 휴대전화 카메라로 찍어 실제 승무원들의 모습과 비교해 가며 감을 익혔어요. 어쨌든 승무원이 되면 메이크업을 본인이 해야 되니까, 이것도 다 연습이려니 여기고 혼자 준비했죠.

면접 보는 날, 미용실에도 가지 않고 혼자 깔끔하게 머리를 정리해서 묶고 메이크업도 혼자서 하고 갔어요.

그런데 시험장에 가보니 전문가의 도움을 받은 다른 응시생들과 저의 모습이 너무 비교가 되더라고요. 속으로 생각했죠. '과연 혼자 준비하고자 했던 나의 결정이 옳았던 걸까?'

다른 응시자들은 인사 교육도 제대로 받은 듯 보였어요. 전신 거울 앞에서 혼자 인사 연습을 하고 있는데, 한 응시자가 다가와서는 자신이 학원에서 배운 인사법을 알려주더라고요. 어찌 보면 경쟁자인데 기꺼이 자신이 아는 걸 공유하는 그분이 정말 대단해 보였어요. 그야말로 좌충우돌 면접기죠.(웃음)

송현주 저도 직접 메이크업을 했어요. 대학 시절 홍보 모델 아르바이트를 한 것이 도움이 되었죠. 기본적인 화장은 할 수 있으니 단정하게 메이크업을 하면 된다고 생각했어요. 면접시험 볼 때는 머리를 가지런히 빗어올린 쪽머리를 해야 해요. 승무원이 근무할 때 가장 많이 하는 스타일을 했을 때 좋은 이미지를 전달할 수 있는지를 살펴보기 위해서죠.

많은 분들이 오해하시는데, 승무원 면접은 얼굴 예쁜 사람을 뽑는 게 아니에요. 미스 코리아를 승무원으로 뽑는 건 아니잖아요. 손님에게 편안하게 다가갈 수 있는 깔끔하고 단정한 이미지를 찾는 거죠. 예쁜 사람보다 인상이 좋은 사람, 표정이 좋은 사람인지를 더 중요하게 여기는 거예요.

요즘에는 승무원이 되기 위해 성형을 하는 경우도 있다던데, 외모보다 자신만의 개성과 아름다움을 잘 가꾼다면 그것만으로도 충분할 거라 생각해요.

"많은 분이 오해하시는데,
승무원 면접은 예쁜 사람을
뽑는 게 아니에요.
미스 코리아를 승무원으로
뽑는 건 아니잖아요.
손님에게 편안하게 다가갈
깔끔하고 단정한 이미지를
찾는 거죠."

_송현주 승무원

항공 승무원의
선발기준이 궁금해!

항공 승무원을 **선발**할 때, **정해진 신체조건**이 있나요?

송현주 아픈 데 없이 건강하면 돼요. 몸무게나 키에 대한 기준은 양팔을
뻗어 비상구를 닫을 수 있고, 비상탈출구를 손쉽게 통과할 수 있는 정도
의 체구라면 문제없습니다. 몸무게와 상관없이 몸 전체가 얼마나 균형 잡
혀 있는지가 중요해요.

승무원 선발에서 중요한 조건 중 하나가 암 리치(arm reach)예
요. 암 리치란 발뒤꿈치를 들고 팔을 위로 쭉 뻗은 높이를 말하
는데, 기내 선반에 손이 닿는지 보는 거예요. 손님의 짐을 올려드
리거나 할 때 문제가 없어야 하니까요.

시력은 렌즈를 끼거나 교정을 한 상태에서 양쪽 눈 모두 0.5 이상이면 돼
요. 안경은 착용하면 안 되고요. 승무원 채용의 조건은 각 항공사마다 조
금씩 차이가 있기 때문에 지원하기 전에 꼼꼼히 확인해야 해요.

시험을 준비할 때부터 **항공 승무원 특유의 말투**도 연습하셨나요?

오윤혜 저 같은 경우에는 모의 면접을 연습할 때 엄마께서 많이 도와주셨어요. 제일 많이 묻는 질문을 인터넷에서 찾아, 100개 정도 뽑아 정리한 뒤 엄마가 묻고 제가 답하는 형식으로 반복해서 연습했죠. 처음에는 엄마를 보고 하려니 대답이 잘 안 나오더라고요. 늘 편하게 말해 왔는데 갑자기 '안녕하십니까, ~했습니다.' 하고 말하려니 웃기고 어색한 거죠. 엄마는 그런 제 모습을 보며 직언을 하셨어요.

"목소리가 중저음이네. 그럼 손님들에게 무거운 느낌을 주지 않겠어? 밝은 톤으로 올려봐. 왜 말할 때마다 입꼬리가 올라가지? 얼굴 표정이 부자연스러운데…… 시선이 불안정해."

족집게처럼 콕콕 집어 지적하시니 화가 나서 엄마와 다투기도 했어요. 잘하고 싶은데 노력하는 것만큼 잘 안 되니까…… 엄마께서 지적한 부분을 생각하며 말투를 바꾸는 데 공을 들였어요. 말이 딱딱 끊어지지 않도록 부드럽게 연결하고, 그래도 딱딱하게 느껴지면 단어를 바꿔봤어요. 그런 과정을 거친 뒤 면접일이 되어 실제로 면접관을 만나니까 생각보다 떨리지 않더라고요. 면접관은 엄마와 달리 저를 모르는 사람이기 때문에 오히려 말하기가 편했어요. 딱딱하지 않고 자연스럽게 면접을 무사히 치를 수 있었죠. 엄마의 도움이 정말 컸어요.

송현주 면접 현장에 있다 보면, 응시자들이 평소에 쓰는 말투를 그대로 쓰는 걸 보곤 해요. 예를 들면 '이랬어요, 저랬잖아요.'와 같은 말이죠. 승무원에 관심이 있다면 남들 앞에서 또박또박 말할 수 있도록 연습하는 것이 필요하다고 생각해요. 면접관을 손님이라고 생각하고 정중하게 말하는 법, 상대방과 눈을 맞추며 말하는 법, 좀 더 품위 있으면서도 편안한 제스처를 하는 법을 고민하고 연습한다면 도움이 될 거예요. 저의 경우에는 또박또박 말하기 위해서 볼펜을 입에 물고 연습을 하기도 했어요.

면접 연습을 하는 자신의 모습을 영상으로 찍어서 보는 것도 도움이 될 것 같아요. 자세는 바른지, 습관적으로 나오는 잘못된 말버릇이나 행동은 없는지 확인하는 데 큰 도움이 될 테니까요.

오윤혜 면접을 할 때, 모든 게 완벽할 수는 없어요. 부족한 부분은 석 달 동안 신입 교육을 받으면 자연스럽게 교정이 되요. 취업 전에는 말을 할 때 '다'와 '까'로만 끝내면 딱딱해 보일 것 같아 고민이 되었어요. 군인도 아닌데 어색하지 않을까 싶기도 했고요. 그런데 신입 교육을 받고 나니까 그 말투가 전문성 있으면서 고급스럽게 들리더라고요.

저는 특히 미소 짓는 연습에 신경을 많이 썼어요. 밝은 웃음을 만들기 위해 거울을 보며 윗니 여덟 개가 보이도록 연습했어요. 윗니 여덟 개가 보이게 웃을 때 가장 아름다운 미소가 표현된다고 해서요.(웃음)

송현주 '요'를 절대 쓰지 않는 건 아니에요. 상황과 손님에 따라 '요'를 쓰기도 하죠. 손님의 연령이 좀 어린 편이라면 '하시겠습니까?'보다 '하시겠어요?'가 나을 때도 있어요. '하시겠어요?'를 무례하다고 여기는 손님일 거라 판단되면 당연히 '하시겠습니까?'로 여쭤야 하고요. 하지만 신입 때는 가장 정중하고 격식을 차리는 '다'와 '까'를 쓰도록 합니다. 어느 정도 경력이 생겨야 그때그때 유연하게 응대할 수 있어요. 때로는 친근하게, 때로는 최대한 격식을 갖춰서 말이에요.

학창 시절에 **아르바이트**는 해보셨나요? 아르바이트와 같은 **사회경험**이 **승무원 시험준비에 도움**이 되는지 궁금합니다.

오윤혜 그럼요, 많은 도움이 되죠. 전 대학 다닐 때 이동통신사 서비스센터 안내 데스크에서 3개월 동안 아르바이트를 했어요. 제가 맡은 일은 서비스센터 문을 열고 들어오는 손님에게 무슨 일로 왔는지 묻고 해당부서로 안내하는 것이었어요. 항상 손님들의 표정을 자세히 살펴야만 했어요. 서비스센터를 방문하는 사람들은 대개 좋은 마음으로 오지 않거든요. 대부분 불만을 가진 분들이 많죠. 명의 변경, 연체 요금 납부, 가입 해지 같은 문제를 해결하러 오는 거니까 어떤 사람은 화가 난 상태로 들어오고, 어떤 사람은 들어오자마자 따지려고 들었어요. 저는 사람들의 표정을 보며 나름대로 추측했죠. '화가 단단히 났나 보네. 저 손님에게 필요한 게 뭘까?' 상대방을 이해하는 마음으로, 불편이 있으니까 온 것이고 난 그것을 해결해 줘야 하는 사람이라고 매일 각오를 다지며 일했어요. 그리고 최대한 친절하게, 최대한 빠르게 그 사람이 무엇을 필요로 하는지를 파악하고 문제를 해결하기 위해 노력했어요. 온종일 서서 하는 일이고 계속해서 방문객들을 응대해야 하는 일이라 몸도 마음도 힘들었어요. 출근할 때마다 '오늘은 또 어떻게 8시간을 버티지?' 하고 생각할 정도였죠. 하지만 이 일을 이겨내지 못하면 다른 어떤 것도 할 수 없을 거라고 생각하며 스스로를 다잡았어요.

다행히 비행기를 타는 손님들은 대부분 서비스센터의 손님처럼 문제를 해결하기 위해 온 사람이 아니라 여행을 위해, 혹은 누군가를 만나기 위해, 또 업무를 위해 탑승하는 분들이라 좋은 기분으로 오는 분들이 더 많았어요. 그래서 승무원으로 근무하면서부터는 손님을 만나는 일이 걱정스럽거나 두렵기보다 오히려 즐거웠죠.

송현주 저 같은 경우에는 대학생 때 카페에서 한 아르바이트가 도움이 되었어요. 다양한 사람들을 상대하다 보니, 내성적인 성격도 조금씩 달라지더라고요. 이동통신사 안내 데스크 일도 해봤고, 내레이터 모델을 연결해 주는 에이전시에서도 일한 적이 있어요. 승무원 일을 하기 전에 여러 가지 아르바이트를 하며 사회경험을 쌓은 거죠. 사람을 대하고 남을 설득하는 일을 하면서 승무원으로서의 기본자질을 키우는 데 도움이 됐어요.

두 분 다 정말 **여러 가지 일을 경험**하셨군요. 그럼 이번에는 다른 이야기를 해볼게요. 승무원은 **위급상황**에서 **손님을 구조**해야 하니까, 승무원을 준비하는 사람들은 **수영을** 배워 두는 것이 **도움**이 되겠지요?

오윤혜 수영을 꼭 배워야 하는 건 아니지만, 수영을 할 수 있으면 신입 승무원 교육을 받을 때 도움이 됩니다. 승무원 교육시 배우는 수영은 생존을 위한 수영이에요. 선수처럼 여러 가지 영법을 자유자재로 구사하는 수영이 아니라, 물에 빠졌을 때 당황하지 않고 자신을 통제하며 손님을 구조하기 위한 수영이죠. 인명구조와 관련된 자격증을 따는 것도 권하고 싶어요.

물에 들어가기조차 무서운 사람은 진정한 승무원이 되기가 좀 어려울 거라 생각해요. 승무원이라면 물에 대한 공포를 극복하는 자신감이 필수입니다.

신입 승무원 교육 때 안전훈련을 이수하지 못하면 승무원 자격을 딸 수 없어요. 그 과정 하나를 통과하지 못해 승무원이 되지 못한 채 집으로 돌아가는 사람들도 간혹 있어요. 하지만 대부분은 끝까지 버텨내면서 훈련 과정을 이수해요. 지금 당장 수영을 못한다고 걱정할 필요는 없어요. 구명조끼를 입고 구조할 수 있으면 되는 거니까요. 물에 대한 공포심만 없다면 누구든 해낼 수 있는 훈련입니다.

영어를 비롯한 **외국어 공부**는 **어느 정도** 해야 하나요?

송현주 토익 점수는 입사할 때도 제출해야 하고 근무기간 중에도 승무원 자격을 유지하는 데 꼭 필요해요.

외국인 손님을 응대해야 하는데 문제가 없어야 하니까요. 각 회사마다 입사할 때의 토익 점수 커트라인이 달라요. 하지만 입사 커트라인이 있다 해도, 요즘은 영어에 능통한 지원자들이 워낙 많기에 그 이상의 노력이 필요하다고 생각해요. 더구나 외국 항공사에 지원할 생각이라면 당연히 영어는 필수입니다. 면접을 영어로 진행하니까요. 항공 서비스와 관련된 언어를 쓰니까 서비스 언어를 중심으로 공부하면 돼요. 신입 승무원 교육과정에 영어 구술시험과 영어회화 과목이 있으니 회화뿐 아니라 독해와 문법도 미리 공부해 두면 좋아요.

일본어와 중국어도 추천합니다. 일본어와 중국어를 따로 시험을 보지는 않지만 실력을 입증할 만한 자격을 갖추고 있다면 서류전형에서 좋은 평가를 받을 수 있을 거예요. 영어를 비롯한 외국어를 잘하면 승무원이 될 가능성이 커지기는 하지만, 정작 승무원이 된 사람들을 보면 전공이 정말 다양해요. 자신의 전공에 집중하면서 틈틈이 외국어 공부를 하면 충분히 좋은 결과를 거둘 수 있을 거라 생각해요.

오윤혜 저 역시 토익 점수를 높이는 데 신경을 많이 썼어요. 학원수강은 하지 않고 주로 대학의 방학특강을 들었어요. 집에서 가까운 대학에서 열리는 토익 특강이었죠. 영어를 어떻게 공부해야 하는지 대부분 잘 알 테니까 자세히 설명하지 않겠지만, 승무원 서비스에 필요한 영어를 조금 더 신경을 써서 공부한다면 큰 도움이 될 거예요.

두 분 다 항공 승무원으로 오래 근무하셨는데, 두 분이 생각하시는 **항공 승무원에 적합한 성격**은 **어떤 성격인지 궁금**합니다.

송현주 보통 면접장에서 "당신은 어떤 성격의 사람입니까?"라고 물어보면, "전 사교적인 사람입니다. 적극적이고 잘 어울리는 사람입니다."라고 대답하는 응시자들이 많아요. 그래야 더 좋은 점수를 받을 수 있다고 생각하는 거죠. 하지만 저는 이 직업에 대한 애정이 얼마나 남다른지, 다른 사람에게 열린 마음으로 다가갈 수 있는지 같은 부분이 더 중요하다고 생각해요. 적극적인 성격도 좋지만, 그보다 배려심과 이해심이야말로 승무원에게 꼭 필요한 성격이라 생각해요.

오윤혜 승무원들 가운데 낯을 가리는 내성적인 성격의 사람들도 의외로 많아요. 그런데도 다들 불편함 없이 열심히 일하고 있죠. 평소 성격과 직업으로서 보이는 성격은 다를 수 있어요. 적극적인 성격이냐 아니냐, 보다는 다른 사람에게 열린 마음으로 대하고 관심을 보이고 배려할 수 있는 사람인지가 더 중요하다고 생각해요. 승무원의 중요한 덕목이 바로 관심과 배려니까요.

송현주 승무원은 여럿이 어울려 협동하는 직업이에요. 비행을 할 때는 막내부터 매니저까지 각자의 역할이 정해져 있어요. 자신의 개성이 강하든, 조금 소극적인 성격이든, 조직에 잘 어울릴 수 있는 성격이라면 상관없어요.

자신의 역할을 충실히 해내면서도 주변을 살피며 다른 구성원들과 조화를 이루며 업무를 해낼 수 있는 사람이라면 누구든 잘 적응할 수 있을 거라 생각해요.

승무원 일을 해보고 싶다면, 일단 부딪쳐 보라고 말하고 싶어요. 승무원 일을 하면서 '이건 내 성격에 안 맞다.'고 판단되면 그때 다른 일을 찾으면 되는 거니까요. 미리 걱정하고 포기하지는 않았으면 해요.

항공 승무원 시험을 준비하는 과정에서 포기하고 싶은 마음은 없었나요? 힘든 시험 준비 과정에서 힘이 된 한 마디가 있다면요?

오윤혜 저는 무엇보다 엄마의 도움이 가장 컸어요. 시험을 준비하며 예민해지다 보니, 사소한 일로 엄마와 다투기도 했어요. 하지만 그럴 때도 '내가 왜 승무원이 되어야 하지?' 하고 회의를 느낀 때는 없었습니다. 그냥 너무 직설적으로 지적하는 엄마가 미웠을 뿐이죠.(웃음)

송현주 저는 의상학과 발표회 때 피팅 모델을 한 계기로, 의상학과 교수님과 친해지게 되었어요. 그때 교수님께서 취업 준비에 대해 이런저런 조언을 해 주셨어요. 격려도 많이 해 주셨고요. 그 덕에 끝까지 노력해서 합격의 기쁨까지 맛볼 수 있었던 것 같아요.

항공 승무원 입사시험 과정이 궁금해요. 각 항공사마다 차이가 있겠지만, **아시아나항공을 기준으로 설명**해 주시겠어요?

송현주 제가 입사할 당시에는 서류 전형, 1차 면접(실무진), 신체검사(체력검사), 2차 면접(임원진 심층 면접) 순으로 진행되었어요. 준비해야 할 서류는 입사지원서, 성적증명서, 졸업(예정)증명서, 자격증, 자기소개서 등이었죠. 일반 회사와 비슷해요. 현재는 서류 전형과 1차 면접, 2차 면접이 이뤄진 이후에 신체검사를 하는 것으로 알고 있어요.

1차 면접은 단체로 이뤄져요. 여러 명의 면접관이 응시자의 머리부터 발끝까지 모든 면을 유심히 살펴보죠. 면접장 들어갈 때는 무엇보다 첫인상이 중요해요. 면접관은 승무원에 어울릴 것 같은 인상을 금방 알아차리니까요. 사실인지는 모르겠지만, 얼굴만 보면 앞으로 어떻게 일할 사람인지까지 다 보인다는 면접관님도 있으시더라고요.(웃음)

'초두효과'라고 하죠? 만나자마자 0.5초 안에 정해지는 첫인상이 면접에서도 매우 중요해요. 단정한 외모, 생동감 있는 표정, 반듯하게 허리를 편 자세 등이 첫인상에서 결정적 역할을 하지요.

오윤혜 제가 지원할 때는 우선 인터넷으로 지원서를 내고 1차 면접 때 자기소개서와 증명자료를 제출했어요. 입사지원서만 보고 1차 면접 대상자를 선정하는 거죠.

1차 면접의 시작은 문을 열고 들어서는 순간의 첫 이미지예요. 질문에 대한 대답도 잘해야 하지만 무엇보다 밝은 표정이 중요해요.

면접장 바깥에서 자신의 순서를 기다릴 때의 자세도 신경 써야 해요. 그런 모습 하나하나가 본인의 이미지를 만드는 거니까요. 요즘은 부모님과 함께 면접을 보러 오는 지원자들도 있더라고요. 독립심이 부족한 사람으로 보일 수 있기 때문에 좋지 않다고 생각해요. 사회에 첫발을 내딛는 순간이니만큼, 스스로 해 나가는 의지를 보여주는 게 중요하다고 생각합니다.

송현주 2차 면접 통과자에 한해 체력검사를 받아요. 악력(손아귀로 사물을 쥐는 힘), 허리근력, 윗몸 일으키기, 유연성을 검사하죠. 이런 검사를 하는 건 승무원이라는 직업이 물리적인 힘을 써야 하는 경우가 많기 때문이에요. 악력은 무엇보다 중요해요. 비상탈출 때 비행기 문을 빨리 열 수 있어야 하기 때문이죠. 허리근력과 유연성은 비상상황이 벌어졌을 때 승객들의 탈출을 돕기 위해 꼭 필요합니다. 검사결과가 좋지 않아 다시 검사하는 경우도 있어요. 기준에 미달되면 최종 합격 대상에서 제외됩니다. 건강한 몸, 건강한 정신은 승무원의 필수요건이니까요.

오윤혜 체력이 정말 중요해요. 항공 승무원이 꼭 필요한 이유 중 하나가 비상시 탈출을 위해서인데, 갑작스러운 비상상황에 민첩하게 대처하고 승객의 안전과 서비스를 동시에 수행하려면 체력 없이는 곤란합니다. 그래서 평소에 꾸준히 운동을 하는 게 중요해요.

"본인의 입장과 기준을
내세우기보다, 다른 사람에게
열린 마음으로 대하고
관심을 보이고
배려할 수 있는 사람이라면
누구든 승무원 일을 잘 해낼 수
있을 거라 생각해요."

_오윤혜 승무원

✈ 04

합격통보를 받다

힘든 테스트를 다 거친 후 **최종 합격통보를 받았을 때, 기분**이 어떠셨는지 궁금합니다. 항공 승무원이 되는 것에 대한 **기대감**과 **각오**도 특별했을 것 같아요.

송현주 전화로 합격통보를 받았어요. 합격했다는 말이 믿기지 않아서 "진짜예요?" 하고 서너 번 물어본 것 같아요. 그 순간에 승무원으로서 이렇게 살겠다, 무엇을 하겠다는 생각까지는 하지 못했어요. 경황이 없어서요. 가족에게 말하지 않고 응시한 터라 식구들이 놀라워했고, 또 기뻐했어요. 특히 아버지가 제일 좋아하셨죠. 친구들도 많이 부러워했고요.

오윤혜 합격했다고 연락받은 날이 12월 24일, 크리스마스 이브였어요. '합격을 축하합니다.'라는 말이 제게는 무엇보다 큰 크리스마스 선물이었어요. 합격을 알려준 분이 산타 할아버지처럼 느껴졌다니까요.(웃음)

정말 세상을 다 가진 기분이 들었어요. 어릴 적부터 가졌던 꿈을 이뤘으니까요. 항공정비사인 아버지께서 가장 기뻐하셨어요. 딸이 같은 업종에서 일하게 된 것에 큰 자부심을 느끼셨어요.

'어떤 승무원이 되어야겠다.'고 다짐한 건 사실 신입 승무원 교육을 마치고 현장 근무를 시작했을 때였어요. 석 달 정도의 신입 훈련을 받으면서 이 일에 대한 사명감이 더 강해졌고 저만의 각오와 다짐도 하게 된 거죠.

높은 경쟁률을 뚫고 항공 승무원이 되셨는데요, **합격 비결**이 있다면 무엇이었는지 궁금해요. 살짝 귀띔해 주시겠어요?

송현주 글쎄요, 전 운이 좋았던 것 같은데요.(웃음) 편안한 인상과 성실한 자세, 적극적인 태도에 특히 신경을 쓰면서 면접에 임했어요. 대학 시절 내내 학교 홍보활동과 여러 경험을 했던 것이 좋은 태도와 자세를 만드는 데 도움이 되었고, 승무원으로 합격하는 데 도움이 되었던 것 같아요. 그런 저의 모습이 이 일에 적합하다고 생각하셨던 게 아닐까 해요.

오윤혜 저의 경우에는 세세한 노력을 정말 많이 했어요. 걸음걸이와 서 있는 자세, 면접장에 들어설 때 어떻게 문을 여닫을지에 대해서까지 거듭 연구했죠. 자세히 설명을 드리자면, 걸을 때 구두 소리가 크게 나지 않으면서 반듯하게 걸으려면 어떻게 해야 할까 고민하다가 집안에서 7cm 높이의 검정 하이힐을 신고 계속해서 워킹 연습을 했어요.

1차 면접은 7~8명이 함께 하기 때문에 첫 번째 사람이 문을 열고 마지막 사람이 문을 닫아요. 제가 첫 번째 또는 마지막 면접자라고 가정하고 방문 여닫는 연습까지 했어요. 그런 작은 태도들이 다 저를 평가하는 중요한 기준이 될 거라 생각했으니까요.

어떤 이유로 뽑히게 되었는지 제가 감히 짐작할 수 없지만, 그런 노력들이 모여 좋은 인상과 평가를 받았던 게 아닐까 싶어요.

"항공 승무원이 되고 싶어요!"

항공 승무원이 되기 위해 필요한 조건을 몇 가지 꼽는다면?

건강한 체력, 부드러운 인상, 상냥한 말투, 바른 자세, 상대에 대한 배려를 꼽고 싶습니다.

항공 승무원으로 일하고 싶다면 멋진 외모를 가꾸는 것보다 평소 체력을 길러두는 것이 더 중요합니다. 열 시간이 넘게 하늘 위에서 근무를 한다는 것은 그리 쉬운 일이 아니니까요. 항공 승무원이 꼭 되고 싶다면 미리 운동하는 습관을 들여 체력을 키우는 것이 좋습니다.

부드러운 인상은 긍정적이고 낙천적인 마인드에서 비롯됩니다. 부정적인 생각이 머릿속에 가득 차 있다면 손님을 긍정적으로 대할 수가 없겠죠. 상냥한 말투 또한 훈련이 필요합니다. 정중하면서도 부드럽게 말하는 연습을 해야 합니다.

가슴을 펴고 허리를 세우면 몸이 일직선이 되어 바른 자세가 나옵니다. 자세 역시 하루 아침에 교정되는 것이 아니니까 미리미리 신경 써서 고쳐두어야 합니다.

그리고 무엇보다 상대의 입장에서 배려하는 마음, 진정한 서비스를 위한 마음을 갖추어야만이 진짜 승무원이 될 수 있을 것입니다.

Q2

항공 승무원 학원을 다닌다면
언제부터 다니는 게 좋을까요?

항공 관련학과의 진학을 위해서라면 입시를 앞둔 고3 때부터 학원에 다녀도 좋습니다. 그러나 반드시 학원을 다녀야 하는 것은 아닙니다. 자신감이 부족하고, 말하는 습관을 고쳐야 하며, 걸음걸이나 자세가 바르지 않다면 교정을 위해 학원을 다니는 것도 좋습니다. 하지만 항공 승무원이 되기 위한 이미지 메이킹은 이론을 배운다고 해서 금방 이뤄지지는 않습니다. 꾸준히 노력하고 관리해야 만족할 만한 수준에 이를 수 있습니다. 학원을 다닌다 해도 평소 노력하지 않으면 좋은 성과를 이룰 수 없을 것입니다.

Q3

입사 경쟁률은 높은가요?

항공 승무원 취업 경쟁률은 평균적으로 100대 1 정도로 예상하지만, 경쟁률이 200대 1이 넘을 때도 많았습니다. 하지만 의외로 결시율이 높아서 실제 경쟁률은 다소 떨어지는 경우가 많다고 합니다. 준비를 미처 다 하지 못한 상태에서 경험을 쌓기 위해 지원하는 사람이 꽤 많기 때문입니다. 경쟁률이 높다는 건 항공 승무원이 그만큼 인기 있는 직업이라는 뜻이겠지요?

Q4

외국 항공사가 한국 승무원을 채용할 때는 학원 특채나 대행업체를 통한다고 들었어요.

학원 특채는 외국 항공사가 지정한 승무원 학원의 학생에 한정하여 그 학원에서 선발된 인원을 채용하는 경우입니다. 대행은 여러 학원에 지원한 인원 가운데 몇 배수로 선발된 인원을 바탕으로 외국 항공사가 최종면접을 통해 채용합니다.

입사하고 싶은 외국 항공사가 학원 특채나 대행으로 항공 승무원을 채용한다면 그 항공사가 지정하거나 대행을 맡긴 학원을 다니는 것이 좋습니다.

Q5

항공 승무원 과외가 도움이 될까요?

항공 승무원 과외는 소수정예(3~5명)로 이루어지기 때문에 강사와의 소통이 자유롭습니다. 사소한 궁금증부터 공채 관련문의, 면접요령과 피드백까지 자세하고 정확하게 상담받을 수 있습니다. 나에게 맞는 이미지 메이킹과 나만의 면접 답변을 만들 수 있다는 장점도 있습니다. 하지만 교육효과와 비용을 알아본 뒤 현명하게 선택하는 것이 좋습니다.

가장 중요한 것은 강사의 자질입니다. 항공 승무원에 대한 명확한 직업의식과 이해가 있어야 하므로 다년간 이 직종에 근무한 검증된 강사여야 합니다.

항공 승무원 과외를 활용하는 방법 중 또 하나는 친구들끼리의 그룹 스터디입니다. 함께 공부하고 고민하고 준비하는 항공 승무원 준비생들과 과외를 통해 자주 만나고 얘기를 나누다보면 시너지 효과가 생길 것입니다. 또한 온라인 커뮤니티를 통한 정보교환과 온라인 강의 등도 고려해 볼 만합니다.

항공 승무원 관련 인터넷 카페는 무엇이 있나요?

대표적인 인터넷 카페로 '전현차'(http://cafe.naver.com/sheiszzz)가 있습니다. 2008년에 개설된 이 카페는 항공 승무원 취업관련 정보공유 커뮤니티입니다. 면접과 합격후기, 국내외 항공사의 실시간 채용공고, 면접자료, 스터디 그룹, 제휴업체 및 제휴학원 게시판 등이 망라되어 있습니다.

또 다른 카페로 '전직 현직 차기 승무원 다 모이세요'(http://cafe.daum.net/cabincrew)가 있습니다. 항공 승무원들의 비행 후기, 항공사 채용시험 정보, 대학의 항공운항과 정보 등 각종 자료가 게시되어 있습니다.

그밖에 퇴직 항공 승무원이 운영하는 인터넷 블로그에도 알찬 정보가 많으니 꼭 한 번 검색해 보기 바랍니다.

해외여행을 할 때, 우리나라 비행기에서 외국인 승무원을 본 적이 있어요. 국내 항공사에서 외국인 승무원을 채용하는 건가요?

그렇습니다. 해외 비행을 할 때에는 다양한 국적의 손님이 탑승합니다. 외국 국적 손님에게는 대부분 영어를 사용하지만, 때에 따라 일본어와 중국어로도 의사소통을 합니다. 하지만 아무래도 현지 언어가 가능한 항공 승무원이 탑승할 경우, 손님의 만족도는 높아지겠죠?

아시아나항공에는 일본, 중국, 태국, 베트남, 우즈베키스탄, 미국 등 다양한 국적의 외국인 승무원이 근무합니다. 마찬가지로, 외국 항공사에서도 한국인 승무원을 채용합니다. 외국 항공사에 채용된 한국인 승무원은 주로 한국행 노선에 많이 탑승합니다.

이처럼 외국인 승무원은 손님과의 의사소통에 있어 영어로만은 부족한 부분이 있을 때 통역사 같은 역할을 하며 더욱 편안한 비행을 할 수 있도록 도와줍니다.

66 항공 승무원 채용절차 알아두기 99

채용과정을 통해 항공 승무원으로서 최종선발 되면 입사 후 신입 항공 승무원 교육을 받습니다. 항공사마다 채용절차는 다 다르지만, 여기에서는 국내 항공사와 외국 항공사로 나누어 평균적인 채용절차에 대해 간단히 정리해 보았습니다. 항공사 별로 매해 평가항목이 바뀔 수 있으니 더 자세한 내용은 채용정보를 직접 확인하는 편이 좋습니다.

•국내 항공사

-서류 전형: 이력서 및 자기소개서 등을 회사 양식에 맞게 작성하여 제출합니다.
-1차 면접: 제출서류를 중심으로 질문하며, 걸음걸이, 자세, 인사, 표정과 미소, 답변, 발성, 마음가짐과 태도, 이미지 등을 평가합니다.
- 2차 면접: 제출 서류와 1차 면접자료를 근거로 압박 면접과 임원진 면접을 진행합니다.
-체력검사
-최종합격

•외국 항공사

대부분 서류부터 인터뷰까지 전 과정이 영어로 이루어집니다. 어느 나라의 항공사인지에 따라 공인 영어시험 점수를 제출해야 하거나, 면접과정에서 신체검사, 노 메이크업 면접 등 다양한 형태의 평가가 진행됩니다.

- 서류 전형
-1차 면접: 그룹 인터뷰
-2차 면접: 에세이 작성 및 필기시험, 암리치 측정 및 인터뷰
-3차: 토론시험
-4차: 1대1 최종면접
-최종합격

내가 일하는 곳은 저 높은 하늘

chapter
3

01

합격하고 나서 다시
교육을 받아야 한다고?

최종합격 통보를 받고 **정식 승무원**이 되기까지 몇 달간 **교육**을 받나요? 또 어떤 교육을 받는지 **궁금**해요.

송현주 입사시험에 통과하면 3개월의 교육훈련(아시아나항공 기준)을 받습니다.

정확히 12주 3일이죠. 이 기간 동안 항공사에 종사하는 사람으로서 반드시 알아야 할 기본사항을 배운다고 보면 돼요. 합숙훈련은 아니고 출퇴근하면서 받는 훈련이에요. 퇴근하고 집에 가서 그날 배운 것을 복습해야 해요. 교육 내용이 생소하기 때문에 복습하지 않으면 교육을 따라갈 수가 없어요.

오윤혜 입사 후 약 한 달 동안은 오로지 안전훈련만 합니다.

안전훈련의 교육 내용은 평상시 안전수행에 필요한 것과 비상상황에 대한 대처가 대부분이에요. 훈련이 끝나면 필기시험과 실기시험을 치르는데, 전 과목을 과락(과목별 낙제) 없이 통과해야 해요. 수업시간만 이수한다고 되는 건 아니죠.

교육한 지 한 달이 지나면 관숙비행을 해요. '관숙'이란 실제로 뭔가를 하는 것이 아니라 손이나 눈에 익숙해지도록 체험하는 것을 말해요. 관숙 비행훈련은 비행과정에 있어 훈련생의 업무태도나 자질 등을 관찰하고, 그동안 이수한 훈련을 총 평가합니다. 교관이 동반하여 비행준비부터 시작하여 목적지 도착 후 비행종료까지의 전 과정을 훈련생과 함께 합니다. 관숙 비행을 다녀오면 종합평가가 기다리고 있어요. 종합평가를 통과해야 승무원 자격을 받을 수 있죠. 서비스 훈련은 그 다음에 진행합니다. 안전이라는 기반 위에 서비스를 얹는다고 보면 돼요.

송현주 서비스 훈련은 이미지 메이킹, 서비스 모션 등을 배우는데 대부분 실기시험 위주로 평가해요. 약 석 달간의 서비스 훈련 과정을 완전히 이수해야 진짜 비행에 투입될 수 있죠.
아시아나항공사에서는 무사히 교육을 다 마치면 '윙' 배지를 달아줘요. 이름표 위에 '윙'을 달았을 때의 기쁨은 지금도 생생해요. 비로소 하늘을 날 수 있는 자격을 부여받은 순간이니까요.

오윤혜 처음 훈련원에 갔을 때는 '여긴 어디지?' 하며 어리둥절하기만 했어요. 본격적인 교육에 들어가니까 바짝 긴장이 되더라고요.
훈련강도는 남녀 구분이 없어요. 수영훈련, 구조 및 탈출 훈련, 항공기에 탑재된 비상장비 다루기 등을 예외 없이 모두 익히고 해내야만 하죠.

교육기간 동안 모든 매뉴얼을 외워야 하고 몸으로 습득하며 배우기 때문에 교육이 끝나면 안전의식으로 완전히 무장이 되지요.

와, **말씀**만 들어도 교육이 **힘들 것** 같아요. 교육받으면서 **항공 승무원**이 된 걸 **후회하신** 적은 없나요?

송현주　고된 훈련에 몸이 지치니까 스트레스가 정말 심했어요. 하지만 꼭 하고 싶은 일을 하게 된 거니까, 마음을 다잡으며 열심히 임했어요. 의지만 있다면 어떤 힘든 일도 즐기며 할 수 있다고 생각했어요. 규칙적인 훈련을 받아본 적이 거의 없고 나이도 어렸기 때문에 힘들고 지칠 때도 많았어요. 하지만 "아, 이렇게 열심히 훈련하고 교육받아야 하는 일이구나." 하고 자부심도 느낄 수 있었어요.

오윤혜　교육을 받기 전까지만 해도 승무원에게 있어 안전활동이 얼마나 중요한지 미처 알지 못했어요. 승무원이라고 하면 외국을 드나들면서 맛있는 식사를 비롯한 서비스를 해 주는 사람이라는 정도만 생각했죠. 그런데 신입 교육에 들어가 안전교육을 받으면서 '내가 생각하는 승무원은 이게 아닌데…….'라는 고민도 했어요. 119구조대의 소방관처럼 불을 끄러 가고, 쓰러진 사람에게 인공호흡을 해야 하고. 입사하기 전에 제가 꿈꾸던 항공 승무원과는 많이 달랐죠.
하지만 안전에 대해 배우면 배울수록 모든 서비스는 안전을 바

아시아나항공의 경우, 정식 승무원이 되면 윙 모양의 배지를 단다(우측 원 사진 참조). 사진은 아시아나항공의 신입 승무원들이 처음으로 유니폼을 입어 보며 서로의 매무새를 살펴주는 모습. 아직 윙 배지를 달고 있지 않은 것을 알 수 있다.

탕으로 이뤄져야 한다는 걸 깨달았어요.

서비스도 마찬가지였어요. 우리 집에 오는 사람에게만 대접해 보았지 불특정 다수를 상대로 대접한 적은 없었으니까요.

안전활동에 필요한 단호함, 서비스에 필요한 부드러움. 이 두 가지를 적절히 조합한 것이 승무원의 일이구나 하는 걸 알게 되었고, 승무원이 아무나 할 수 있는 일이 아니라는 생각이 들었어요. 그리고 바로 그 일을 내가 하게 된다는 것이 어렵고 힘들어도 참 보람 있는 일을 직업으로 가지게 된 것 같아 뿌듯했어요.

"항공 승무원 직무 교육 알아두기"

항공 승무원의 직무 교육은 다른 어떤 직종보다 다양합니다. 그 중 신입 항공 승무원이 받는 대표적인 교육 몇 가지를 정리해 보았습니다.

비상장비도 교육

항공기 내부 시설물 교육

화재진압 훈련

항공보안: 로프 사용법 교육

항공기 탈출 훈련

구조수영 훈련

난동 승객 대처훈련

심폐소생술 훈련

02

첫 비행에 나서다

그렇게 고된 **훈련**을 받았으니 **첫 비행** 때는 **감회**가 남달랐을 것 같아요. 어떤 **생각**이 들었는지 **이야기**해 주세요.

송현주　신입 승무원 교육을 마친 뒤에는 OJT(on the job trainning, 현장 실습 교육)를 합니다. 비행의 감을 익히기 위해 정식 팀원이 아니라 실습생으로 참여하는 거죠. OJT 후에 실제 비행에 투입되지요. 제가 신입이던 시절에는 처음에는 국내선, 3개월이 지나면 국제선 장거리 노선을 배정받았어요.

국내선 첫 비행 때는 진짜 아무 생각이 없었어요. 머릿속이 새하얗다는 말이 딱 그때 제 상황이었어요. 모든 손님들께 여유롭게 응대하기에는 경험이 많이 부족했어요. 짓궂은 손님을 만나지나 않을까, 비상상황이 생기지 않을까 많이 긴장했죠.

선배님들도 무서웠어요. 혼날까 봐 전전긍긍했죠. 선배님의 말을 이해하지 못한 채 "네, 알겠습니다." 라고 대답해 놓고는 바로 실수하기도 하고, 정말 하루하루가 살얼음판이었어요.

지금 생각해 보면 그 역시 추억이지만요.(웃음)

오윤혜 제 첫 비행은 '김포-광주' 노선이었어요. '아, 이제 나도 비행에 투입되는구나.' 싶어 설레기도 하고 긴장도 되더라고요.

비행기가 이륙한 다음 음료 서비스를 하러 음료 카트를 힘차게 끌고 나갔어요. OJT를 하며 연습한 대로 한 분, 한 분, 정성을 다해 음료 서비스를 했어요. 하지만 아직 신입이다 보니 서비스를 하는 속도가 너무 느렸던 거예요. 한 시간도 채 안 되는 비행시간이다 보니, 음료 서비스를 하던 중에 곧 착륙한다는 사인이 나왔어요. 당황했죠. 아직 음료를 받지 못한 손님들이 남아 있었으니까요.

결국 손님들에게 일일이 "음료를 못 드려 정말 죄송합니다." 사과를 드렸어요. 다행히 화내는 손님은 없었지만 너무 속상했어요. 그때만 생각하면 지금도 얼굴이 화끈거려요. 비행기를 타면 당연히 음료 한 잔은 서비스 받아야 하는데 아무리 기다려도 주지를 않고 승무원이 음료 카트를 끌고 다시 돌아가 버리니……. 당황했을 손님들을 생각하면 정말 지금도 너무 죄송스러운 마음이에요.

첫 비행은 대개 많은 승무원들이 이렇게 실수하거나 당황한 기억이 하나씩은 다 있는 것 같아요.

정말 당황스러웠겠어요. 어느 직업이나 **신입 시절**에는 난감한 일이 종종 벌어지는데요, 또 다른 **기억**나는 **에피소드**가 있다면 **들려**주시겠어요?

송현주 신입 때는 손님이 주문한 것을 까맣게 잊어버리는 일이 많았어요. 손님께서 커피를 요청하셨는데 다른 일들에 정신이 없다보니 한참이 지난 후에 그 손님 좌석을 지나면서야 '아, 커피!' 하고 생각이 나서 부랴부랴 커피를 가져다 드린 적도 있어요. 그럴 때는 정말 죄송하고 민망해요. 호텔에 복귀한 후에야 생각나서 난감한 적도 있었고요.
그밖에도 주문한 음료를 늦게 갖다드려 손님들께 사과한 적도 있고, 손님

식사와 음료 서비스 시간은 정해져 있지만 승객이 요청하면 승무원은 언제든 서비스를 한다.
사진은 승객 서비스를 하고 있는 송현주 승무원.

의 질문에 제대로 답변을 하지 못해 당황한 적도 있고, 크고 작은 실수가 많았어요. 그때는 경험이 많이 부족한 때라 눈앞의 일, 지금 당장 처한 상황만 보고 전체적인 흐름을 보지 못할 때가 많았죠. 식사 서비스 준비를 해야 할 시점인데 혼자서 이전에 하고 있던 서비스에 몰두해 있기도 하고요. 하지만 화를 내는 손님보다는 너그러이 이해해 주시는 분들이 더 많아서 고마웠고, 실수를 줄이기 위해 더욱 노력했어요.

오윤혜 기억에 남는 경험을 했던 건 부산행 비행이었는데 이른 아침에 출발하는 비행이라 비즈니스를 위해 이동하는 손님들이 많았어요. 하얀 와이셔츠에 양복을 차려입은 손님들이었죠. 손님들에게 음료를 서비스하다 일이 생겼어요. 토마토 주스를 건네드리고 "맛있게 드십시오." 하고, 다음 손님에게 가려는 찰나에 갑자기 비행기가 흔들렸어요. 난기류를 만나 비행기가 급강하했고, 토마토 주스를 받아들었던 손님이 그만 본인 얼굴에 주스를 쏟고 말았죠. 그런데 코부터 흘러내린 주스 때문에 흰 셔츠가 빨갛게 물들어버린 거예요. 당황하신 손님께서 정말 불같이 화를 냈어요. "이럴 줄 알았으면 주스를 주지 말아야지!"라고 소리치시고는 얼룩진 옷 때문에 안절부절 못하시더라고요. 하지만 저 역시 예상하지 못했던 일이었죠. 일단 화가 난 손님께 최대한 얼룩을 지워보겠다고 말씀드리고, 함께 일하던 승무원은 옷의 얼룩을 지우고 저는 혼자서 남은 손님들께 음료 서비스를 했어요. 서둘러 지웠더니 다행히 얼룩이 지워졌고, 화를 크게 내셨던 손님은 나중에 오히려 저희에게 미안해 하시며 얼룩을 지워줘서 고맙다고까지 하셨어요. 그 말씀에 가슴을 쓸어내리며 안도했어요.

송현주 한 번은 식사 서비스 때 메뉴 한 가지가 떨어져 양해를 구하는데 손님께서 화를 많이 내신 적이 있어요. 하지만 정중하게 계속 응대하는 제 모습을 보신 다른 손님께서 고객 게시판에 칭찬글을 남겨주셨어요. 정말 뿌듯했죠.

또, 환자발생이나 공항사정으로 인한 연착 등 비정상적인 상황이 일어났을 때 침착하게 잘 대응한다고 칭찬해 주시면 힘이 나요. 이렇게 저희의 서비스에 고맙다고 해 주시는 손님들, 이해해 주시는 손님들이 더 많아요. 그럴 때 느끼는 보람이 힘든 일들을 다 견딜 수 있게 해요.

항공 승무원은 무슨 일을 할까?

서비스와 관련된 **에피소드**를 말씀해 주셨는데, **항공 승무원**은 구체적으로 **어떤 일**을 하는지 궁금해요. **비행준비**부터 **마칠 때**까지 **어떤 일**을 하는지 **설명**해 주시겠어요?

송현주 서비스 절차는 항공사마다 조금씩 차이가 날 수 있어요. 아시아나항공의 경우에는 국제선 비행일 때는 비행 출발 2시간 10분 전까지 회사에 도착해야 해요. 예를 들어 후쿠오카행 노선이 아침 9시에 출발할 예정이라면 적어도 6시 50분까지 회사에 도착해야 하죠. 새벽 5시에 일어나 씻고, 머리 만지고, 화장하고, 유니폼 갖춰 입고 집을 나서야 9시 출발인 비행기를 탈 수 있어요.

브리핑실에 비행팀원이 모두 도착하면 사무장이 브리핑을 시작해요. 비행기 기종, 비행정보, 목적지, 비행시간, 손님 현황, 도착지 규정, 준비해야 할 서류 등을 알려 주지요. 각자 어느 구역에서 근무해야 하는지, 맡은 구역에서 점검할 장비는 무엇인지, 서비스는 어떻게 진행할지도 이야기합니다.

그런 뒤 섹션별, 클래스별(이코노미-비즈니스-퍼스트) 브리핑이 이어져요. 브리핑이 끝나면 다 같이 버스를 타고 공항으로 이동하죠.

오윤혜 공항으로 들어가서 출발 한 시간 전에 기장과 부기장을 만납니다. 기장이 비행기 안에서 노선, 비행시간, 날씨, 회항장소, 응급 상황 대처법, 보안사항에 대한 브리핑을 하죠. 기장의 브리핑이 이어지는 동안 비행기 안으로 기내식이 실립니다.

기장의 브리핑이 끝나면 비행 전 안전 관련사항을 점검합니다. 그런 뒤 각자 맡은 구역에 가서 점검사항을 확인하고 매니저에게 보고를 합니다. 비상구 문에 이상이 없는지, 비상장비는 모두 문제가 없는지 확인하고 보고하는 거죠. 그리고 기내식이 승객 수에 맞게 실렸는지 확인하고 나서, 바로 서비스할 수 있도록 기내식을 재배열합니다. 특별식을 주문한 손님은 없는지, 기타 손님들이 사전에 요청한 사항이 없는지 이때 확인해요.

기내식은 계절과 상황에 따라 달라진다. 손님의 요청에 따라 당뇨 환자를 위한 식사와 같이 특별식을 선택할 수도 있다. 사진은 외국인 손님들에게도 큰 사랑을 받은 아시아나항공의 기내식 '쌈밥'

66 항공 승무원 비행 준비절차 알아두기 99

손님들은 승무원이 비행기에서 서비스하는 모습만을 보지만, 승무원은 비행을
위해 준비해야 할 것이 많습니다. 아래 소개된 일들 이외에도 기내식을 서비스하기
위한 준비를 포함하여 안전점검 등 여러 과정이 진행됩니다.

비행 전 준비사항을 점검하는 승무원들

승무원 브리핑

이동 중인 승무원들

기장·부기장 회의

기내 점검

비품 준비 및 확인

송현주 손님들이 탑승하면 반갑게 맞이하고, 도움이 필요한 분들에게 자리 안내를 도와드려요. 손님이 모두 자리에 앉으면 매니저가 기장에게 이륙 사인을 하고 드디어 비행기가 움직이죠. 이륙할 때 승무원은 점프시트에 앉아요. 점프시트는 비행기 문 근처에 있는데, 접혀 있는 의자예요. 이때 자신이 담당한 탈출구 근처에 앉아 이·착륙시에 일어날 수 있는 비정상 상황에 대한 안전절차를 되짚어 봅니다.

이륙한 뒤 기장의 안내방송이 나오고 비행기가 1만 피트 정도의 상공으로 올라가면 그때부터 식사와 음료를 서비스할 준비를 합니다. 앞치마를 두르고 데워야 할 식사를 오븐에 데우고, 트레이에 음료와 컵을 준비하죠. 해당 구역의 담당자들이 모든 걸 함께 준비합니다.

오윤혜 노선에 따라 제공되는 음식 서비스가 달라요. 아시아나의 경우 국제선에서는 기내식을 제공합니다. 이건 항공사마다 정한 서비스 기준에 따라 달라집니다. 장거리 노선에서는 이륙하고 나서 바로 첫 번째 식사를 제공합니다. 기내식을 드리는 시간은 일정하지 않아요. 노선에 따라서도 다르고, 손님들의 수면 리듬이나 시차, 목적지 도착 시간을 고려하여 두 번째 식사의 서비스 시간이 정해집니다.

송현주 장거리 노선의 비행기에는 승무원들을 위한 침대칸이 있어요. '벙크(bunk)'라고 하는데 손님들에게 서비스 하는 시간 등을 고려하여 교대로 잠시 휴식을 취합니다.

"항공 승무원 비행 업무 알아두기"

탑승부터 비행기에서 내릴 때까지 승무원의 업무는 계속됩니다. 항공사의 사내 동아리 등에서는
자신들의 업무활동과 특별활동에 대한 동영상을 제작하여 유튜브 등을 통해
공개하고 있습니다. 승무원의 근무 과정이 궁금하다면 꼭 한 번 찾아보기를 권합니다.

손님의 탑승을 안내하고 돕는 승무원들

안내방송

음료 서비스 및 손님 관리

손님이 작성할 서류가 있으면 미리 작성하실 수 있도록 도와드리기도 합니다. 또 몸이 아프거나 불편하신 분은 없는지, 저희의 도움이 필요한 분은 없는지 수시로 살핍니다.

착륙할 때가 되면 기내의 모든 물건이 제자리에 있는지 확인해야 합니다. 떨어지거나 튕겨나가지 않도록 단단히 고정해야 하죠. 손님들께서 안전하게 목적지에 도착하실 수 있도록 안전활동을 하는 것입니다. 손님이 비행 중에 꺼냈던 짐은 선반에 다시 넣고, 손님이 좌석벨트를 매었는지 의자의 등받이가 세워졌는지 등을 확인합니다.

오윤혜 목적지 공항에 비행기가 착륙하여 손님이 내리기 시작하면, 혹시 손님이 두고 간 짐이 있는지 확인합니다. 비행기 좌석 끝에서 끝까지 꼼꼼하게 살피죠. 의심할 만한 물건, 이를 테면 폭발물과 같이 해를 끼칠 수 있는 물건이 있는지 끝까지 책임지고 확인해야 해요.

연결편 비행일 경우, 일정 시간 뒤에 다시 손님이 탑승합니다. 손님이 탑승하기 전까지 신속하게 다음 비행준비를 해야 해요. 그래야 손님들이 쾌적하게 다음 비행을 하실 수 있으니까요.

돌아오는 편에서도 확인해야 할 중요한 정보가 있으면 함께 모여 공유합니다.

승무원들이 식사 및 음료 등 서비스를 준비하는
공간인 '갤리'. 갤리는 통로를 막아서 만든 공간이
라 협소하지만, 손님들을 위한 모든 물품이 모여
있다 해도 과언이 아니다.

항공 승무원 하면 가장 먼저 **'매너'**가 떠올라요. 바른 **자세**, 친절한 **태도**, 상냥한 **말투**, 정확한 **의사전달**은 **일반인**들에게도 무척 **중요**한데요. **항공 승무원**들이 **매너**가 좋은 **비결**은 무엇일까요?

송현주 매너가 좋다기보다 신입 때 받은 서비스 교육이 자연스럽게 몸에 밴 게 아닐까 싶어요. 신입 교육을 받으면서부터는 버스를 타는 경우에도 기사님께 "안녕하십니까? 감사합니다. 수고하십시오." 하고 빼먹지 않고 인사를 했어요. 교육을 통해 몸에 완전히 밴 거죠. 교육의 효과가 참 오래 가는 것 같아요. 또 신기한 게 유니폼을 입으면 나도 모르게 그런 매너가 나오는 것 같아요. 일상복을 입었을 때보다는 행동 하나하나에 더 신경 쓰고 조심하게 돼요.

승무원은 국제 매너에 대해서도 제대로 알고 있어야 해요. 외국의 다양한 문화를 잘 이해해야 실수하지 않거든요. 그 나라 사람들이 싫어하는 말, 그 나라 사람들 앞에서 주의해야 할 행동 등 기본 문화를 알고 있어야 매너를 유지할 수 있어요.

비행기 안에서도 기도 시각에 맞춰 기도하는 이슬람교 신자들, 카스트 의식이 남아 있는 인도인들에 대한 사전지식 없이 그분들을 만난다면 낭패를 겪을 수 있어요. 손님에 맞춰서 기내식도 달라져요. 이를 테면 인도 노선인 경우 소고기 대신 닭고기, 생선 요리가 제공되죠. 이런 노력 하나하나가 모여서 항공사의 이미지를 결정하기 때문에 항상 주의를 기울입니다.

오윤혜 신입 승무원 교육과정에 에티켓과 매너에 대한 수업이 있어요. '지키지 않으면 상대방이 불편해 하는 것이 에티켓이고, 굳이 없어도 불편하지는 않지만 관계를 더 좋게 하는 것은 매너다.'라고 배웠고, 몸에 배다보니 어떤 상황에서도 매너와 에티켓을 지키게 돼요.

에티켓을 지키지 않아 종종 손님들 사이에 얼굴 붉히는 일이 많은데요. 예를 들면 자기가 가져온 음식을 먹으면서 냄새를 풍긴다거나, 고약한 발 냄새가 나는데 신발을 계속 벗고 있다거나, 좌석 사이를 뛰어다니며 소란하게 하는 아이들이라거나……. 비행기는 한정된 공간이잖아요. 상대방을 불편하지 않게 에티켓을 지켜야 즐거운 비행을 할 수 있답니다.

"비행이
궁금해요!"

Q 1

기체 고장이 아닌데도
비행기가 회항하는 경우가 있나요?

항공사의 목표는 손님을 목적지까지 안전하게 모셔다 드리는 것입니다. 손님의 안전을 최우선으로 하기 때문에 안전이 보장되지 않은 경우에는 회항을 결정합니다. 기상악화는 항공기가 회항하는 가장 큰 이유입니다. 안개, 폭우, 폭설 등으로 더 이상 비행이 어렵다고 생각될 때 회항하거나 가까운 공항에 임시 착륙하기도 합니다.

그밖에도 응급환자가 발생하거나 폭발물 신고, 항공기 결함, 또한 항공기에서 승객의 다툼이 커지는 등 난동이 발생하여 회항하기도 합니다. 손님의 안전에 문제가 생길 수 있다 판단되면, 어떠한 이유에서든 회항할 수 있습니다.

일반 항공사와 저가 항공사의
가장 큰 차이는 뭔가요?

우리나라에도 최근 저가 항공사가 많이 생겼습니다. 저가 항공사는 기내
식, 인력, 서비스물품 등의 비용을 줄여 항공여행의 가격부담을 낮춘 것입
니다. 대형 항공사는 저가 항공사에 비해 다양한 노선, 대형 항공기 보유,
최고의 기내 서비스 등을 제공받을 수 있다는 장점이 있습니다.
저가 항공사는 비교적 저렴한 가격으로 항공권을 판매하기 때문에, 그에
맞추어 서비스를 간소화하거나 항공기 수가 적어서 이용가능한 노선 등이
제한적이라는 점에서 대형 항공사와 차이가 있습니다.

국내선과 국제선의 차이는 뭐예요?
어떤 장점과 단점이 있나요?

항공 승무원으로서의 자격요건은 같습니다. 아시아나항공의 경우에는 국
내선, 국제선을 구분해 채용하지 않습니다. 모든 항공 승무원들은 국내선,
국제선 상관없이 배정되는 스케줄에 따라 비행하죠. 이는 항공사마다 기

준이 다르기 때문에 미리 살펴보는 게 좋습니다.

국내선의 경우 당일 출퇴근이 이뤄져서 여가활동과 자기계발 활동을 규칙적으로 할 수 있습니다. 그래서 어떤 항공 승무원은 대학원에 등록하여 공부를 하기도 합니다. 며칠씩 해외에 나가는 스케줄이 아니기 때문에 시차적응에 대한 부담감도 없습니다. 대신 짧은 비행시간으로 인해 손님과의 유대나 해외체류의 경험은 쌓기 어렵습니다.

국제선의 경우에는 외국에 체류하면서 자신을 돌아보는 시간을 갖고 새로운 문화를 접하면서 견문을 넓히고 활력을 얻을 수 있습니다. 그러나 국내선과 달리 비행시간이 길기 때문에 기내에서 변수가 많고, 시차적응 등에서 어려움을 겪을 수 있습니다.

비행기 이·착륙시 좌석 등받이를 똑바로 세워야 하는 이유가 있나요?

이·착륙시에는 항공 승무원이 승객들에게 좌석 등받이는 세우고, 창문 커튼은 열고, 테이블과 발받침 등은 모두 제자리로 하도록 안내합니다. 이는 갑작스러운 난기류 등으로 비행기가 흔들리거나 할 때, 충격으로 인한 부상이 일어나지 않도록 미리 방지하기 위함입니다. 또한 외부상황을 신속하게 파악하고 위기상황시 재빨리 탈출하기 위해서 꼭 지켜야 하는 필수항

목들입니다. 편안히 쉬고 있는 손님의 입장에서는 이러한 안내가 불편할 수도 있겠지만, 이 모든 것은 이·착륙시 일어날 수 있는 만일의 사태에 대비한, 손님의 안전을 위한 조치입니다.

Q5

항공 승무원의 수는
어떻게 정해지나요?

비행기 기종과 탑승하는 손님 수에 따라 탑승 승무원의 수가 달라집니다. 비행기 한 대당 최소 4명부터 많게는 22명의 승무원이 탑승하는데, 승무원 한 명이 안전활동을 담당하는 인원수가 정해져 있기 때문에 승객 수가 많을수록, 비행기가 클수록 더 많은 승무원이 탑승합니다.
대개의 경우 승객인원 대비 필요한 최소 항공 승무원 수보다 조금 더 많은 수의 항공 승무원이 탑승하여 서비스의 질을 높이도록 노력합니다.

Q6

기내 서비스로 네일아트나 마술 등 장기를 보여 주기도 하던데요, 어떤 분들이 하는 거죠?

특화 서비스를 담당하는 팀이 있습니다. 손님이 지루해 할 만한 장거리 노선에서 진행하는 특별한 서비스를 담당하는 항공 승무원으로, 일반 업무를 하면서 특별 서비스 업무를 추가로 진행하는 항공 승무원들입니다.

아시아나항공의 경우 매직팀, 차일드팀(비행기에서 아이들과 함께 쿠키 만들기), 타로팀(타로 점 봐 주기), 차밍팀(네일아트, 마스크팩 서비스), 바리스타팀, 셰프팀, 레터팀 등이 있습니다. 레터팀에서는 손님이 쓴 편지를 부쳐 주는 서비스를 제공하는데, 부모님이나 이성 친구에게 쓴 글에 글쓴이의 사진을 함께 넣어 보냅니다.

'특화반'에 합류하면 본인이 관심을 가지던 분야를 더 깊이 배우고 이를 업무에 적용할 수 있습니다. 이러한 과정을 통해 더 나은 서비스를 제공한다는 보람도 느낄 수 있습니다.

항공 승무원,
오해와 편견

항공 승무원에 대해 **일반인**이 갖고 있는 **편견과 오해**가 있다면 무엇인가요? 편견과 오해에 **숨겨진 진실**도 궁금합니다.

송현주 사치스러울 것 같다거나, 외모에 신경을 많이 쓸 것 같다거나, 면세점을 자주 다닐 수 있으니 언제든지 원하는 것을 살 수 있을 것 같다거나……. 외모나 씀씀이에 대한 오해와 편견이 있는 것 같아요.

실제로 일반인의 면세점 구입금액 한도가 600달러인데 반해, 승무원의 면세점 구입금액 한도는 100달러에 불과해요. 또한 국제선의 경우에도 비행시간이 길지 않은 노선의 경우에는 당일에 돌아오는 경우가 많아요. 게다가 저희는 외국에서 체류하는 시간도 다음 근무를 위한 대기시간이기에 마음대로 다니기도 힘들어요. 외국에서 언제든 편하게 쇼핑을 할 것이라는 건 그야말로 오해이지요.

어떤 분들은 편하게 일하고 돈 번다고 생각하기도 하고, 승무원 일을 단순 서비스직으로 오해하셔서 쉽게 할 수 있는 일로 생각하시는 분들도 아직 있는 것 같아요. 하지만 인식이 꾸준히 좋아져서 이제는 전문직으로서 인정해 주는 분들이 훨씬 더 많습니다. 저희를 인정하고 격려해 주실 때 더 큰 보람을 느낀다는 점을 꼭 기억해 주셨으면 좋겠어요.

또 어떤 분들은 자주 해외에 나가니 가정에 충실하기 힘들 것 같다는 걱정의 말씀도 하시던데, 쉬는 날짜가 조금 다를 뿐 쉬는 날이 적은 건 아니에요. 오히려 평일에도 쉬기 때문에 가족들과 충분한 시간을 보낼 수 있고, 가족들을 위한 일에 시간을 내기도 편리하죠.

오윤혜 승무원은 일하는 모습이 남에게 공개되는 직업이에요. 하지만 자세히 살펴보면, 보이는 곳보다 보이지 않는 곳에서 하는 일이 더 많아요. 어떤 분들은 이렇게 말해요. "뭐 하는 일도 없어 보이던데. 그 정도 서비스는 누구나 하지 않나?"라고요. 더 나은 서비스를 위해 보이지 않는 곳에서 많은 준비와 노력을 한다는 걸 다른 사람들은 알지 못하니까 그런 오해를 받는 것이지요. 서비스가 없을 때는 점프시트에 앉아 대기하기도 하는데, 어떤 분이 지나가면서 "일도 안 하고 가만히 앉아만 있네?"라고 노골적으로 말하시더라고요. 저희로선 참 속상하죠. 점프시트에 잠시 앉아 있는 순간조차 만일에 일어날 일을 대비하며 촉각을 곤두세우고, 손님이 찾으실 때 바로 응대할 수 있도록 대기하는 거니까요.

승무원들은 손님들이 잘 때도 깨어 있을 때도 언제든지 서비스할 수 있게 대기하고 있어요. 그렇기 때문에 문제가 생겼을 때 즉각적으로 해결할 수 있는 거고요. 이런 고충을 몰라줄 때는 좀 속상하기도 해요. 보여지는 부분 뿐만 아니라, 보여지지 않는 부분에서도 항상 손님들을 위해 일하고 있다는 걸 알아주신다면 더 행복하게 일할 수 있을 것 같아요.

항공 승무원 일을 오랫동안 하다보면 "**이렇게** 하면 더 **손님**들이 좋아하겠다."라거나 "**이렇게** 하면 **업무**가 더 편해지겠다."와 같은 아이디어가 생길 것 같아요. **자신**만의 독특한 **아이디어**로 업무를 **변화**시키거나 **향상**시킨 적이 있으신가요?

송현주　회사에서는 늘 승무원들의 아이디어에 귀를 기울여요. 생생한 경험을 바탕으로 하고 있기 때문에 서비스 개선에 도움이 많이 되거든요. 아이디어가 채택되면 모니터링을 거쳐서 손님 만족도가 높을 경우 포상을 하기도 합니다.
손님의 편의에 맞춰 서비스의 순서를 바꾸자는 의견이나, 선호하는 식사의 비율에 대한 의견을 내는 건 현장에서 직접 실무를 하는 승무원이 아니라면 내기 어려운 아이디어죠.

오윤혜　저는 '승무원이 되기를 꿈꾸는 아이들을 위해 학교를 방문하자.'는 의견을 낸 적이 있어요. 학교에 찾아가 학생들에게 승무원을 소개하는 프로그램을 운영하자는 의견이었죠. 마침 저 뿐만 아니라 다른 직원들도 같은 생각을 하고 있었나 봐요. 프로그램에 대한 공감대가 형성되면서 직원들의 다양한 의견이 반영되어 실행에 옮겨졌어요.

항공 승무원들은 투철한 직업정신으로 손님뿐만 아니라 지역 주민을 위한 봉사활동에 적극적으로 나선다. 김장 나눔 행사, 승무원 체험 등 항공사 상황에 따라 여러 나눔 행사가 진행된다. 사진은 아시아나항공 색동나래교실 강사로 활약중인 승무원들(위)과 지역 김장나눔 봉사활동 중인 승무원들의 모습(왼쪽).

저와 뜻을 같이 한 동료들과 함께 학교에 가서 승무원이라는 직업을 소개와 함께 비행기를 탈 때 지켜야 할 매너와 에티켓을 소개했어요. 그 활동이 현재 '색동나래교실'이란 교육 프로그램으로 체계화되었고 지금도 활발하게 운영되고 있어서 아주 뿌듯해요.

✈ 05

항공 승무원이
좋은 이유

많은 **청소년**들이 **해외**에 자주 **나갈** 수 있다는 점 때문에 **항공 승무원**을 **꿈꾸기**도 해요. **외국**으로 **비행** 나갔을 때 **휴식**시간을 어떻게 보내세요? 또 외국 **여행지** 중에 가장 **인상** 깊었던 곳은 어디였나요?

송현주 휴식시간은 지역에 따라 길면 하루 반 정도 돼요. 장거리 비행이라면 목적지에 도착한 당일 오후와 다음날, 그 다음날 아침까지 시간이죠. 저는 호텔방에 들어가면 일단 잠부터 청해요. 자고 일어나서, 오후에는 관광을 하거나 현지의 문화를 배우는 프로그램에 참여하기도 하고 쇼핑을 하기도 해요. 보통 한 곳에 여러 번 여행을 가기가 쉽지 않잖아요. 저희는 일정은 짧아도 몇 번씩 방문하게 되니까 시간 여유가 있어요. 함께 비행한 팀원들과 예쁜 카페에서 애프터눈 티를 즐기는 시간은 오랫동안 행복한 추억으로 남지요. 파리의 샹젤리제 거리에서 즐기는 홍합 요리나 싱가포르의 크랩 요리, 뉴욕 맨해튼에서 즐기는 정통 뉴욕 스테이크 등 현지의 맛집 투어도 큰 즐거움이에요.

항공 승무원은 국제선 비행의 경우, 해외에서 짧은 체류 시간이 주어진다. 각자 상황에 따라 호텔에서 휴식을 하기도 하고 동료들과 짧은 여행을 즐기기도 한다. 송현주 승무원과 오윤혜 승무원이 짧은 여행의 추억이 담긴 사진을 공개했다.

오윤혜 저는 프랑스 파리가 가장 기억에 남아요. 역사책에서 보던 파리의 건축물을 실제로 보면서 '백문이 불여일견이구나.' 하고 새삼 느꼈죠. 눈앞에 펼쳐진 서양문화의 경이로움을 보면서 승무원이라는 직업을 가졌다는 점이 새삼 자랑스러웠어요. '역사에 대한 공부를 좀더 한다면 더 재미있게 현지의 역사를 즐기고 그곳의 문화나 정서를 이해할 수 있겠구나.' 하는 깨달음도 얻었고요. 배경지식이 많은 사람이 되면 손님을 대할 때도 도움이 되니 공부를 좀 해보려고 해요.

국제선을 타다보면, 열 시간이 넘는 **비행**도 많을 텐데, **장거리** 비행을 다녀온 뒤, **시차 적응**을 위한 나만의 **습관**이 있나요?

오윤혜 억지로 잠을 자려고 하지는 않아요. '한국 시각에 맞춰 자야지.' 또는 '현지 시각에 맞춰 자야지.' 하지 않는다는 거죠. 현지에 도착해서 잠이 오면 자고, 그렇지 않으면 버티고, 몸이 원하는 대로 해요. 배고플 때 먹고, 졸릴 때 자고 단순하지만 내 몸이 원하는 걸 하는 게 가장 빨리 피로를 회복하는 법이라고 생각해요.

송현주 각자 적응하는 나름의 노하우가 있겠지만, 제 경우에는 장거리 비행을 다녀왔는데 집에 저녁에 도착했다면 아예 자지 않아요. 밤이 깊은 후에야 비로소 잠자리에 들어요. 새벽이나 아침에 집에 돌아올 경우에는 한두 시간만 자려고 해요. 너무 많이 자면 생체 리듬이 돌아오지 않아서 다음날 오히려 더 피곤해지더라고요. 승무원으로 일하는 이상 수면 패턴은 들쭉날쭉할 수 밖에 없으니, 평소 체력관리를 잘하는 게 무엇보다 중요해요.

항공 승무원의 **상징**은 역시 **유니폼**이 아닐까 합니다. 지금 입고 있는 유니폼이 어떤 **의미**로 다가오는지 궁금해요.

송현주 저에게 유니폼은 '요술 망토' 같아요.(웃음) 나를 변신시키는 옷이자 나를 보호해 주는 보호막처럼 느껴져요. 유니폼을 입으면 자신감이 생겨서 지나가는 아이에게 말 한 마디라도 쉽게 건넬 수 있고, 사람들에게 다가가게 하는 특별한 힘이 생겨요. 비행을 나가기 위해 새벽 두세 시에 일어나 피곤한 상황에서 화장을 할 때면 '내가 이 새벽에 뭘 하고 있는 거지?' 하다가도 유니폼을 입으면 무엇이든 다 할 수 있을 듯한 에너지가 불끈 솟아올라요. 그럴 때마다, '아, 이게 내 천직이구나.' 하는 생각이 들고요.

오윤혜 저에게 유니폼은 '터닝 포인트(turning point, 전환점)' 같아요. 평범한 나에서 직업을 가진 또 다른 나로 바꿔 주니까요. 그래서 완전히 다른 사람이 되는 데에서 오는 쾌감이 크죠. 내가 직업인으로서 뭔가를 할 수 있기에 유니폼을 입는 자부심도 크고요. 물론 집에 돌아와 유니폼을 벗으면 일상의 나로 돌아오기는 하지만요.(웃음)

어떤 일이든 **오래** 하다보면 **그 일**을 더 이상 하기 **힘들 만큼** 큰 **위기**를 겪기도 하는데요, 두 분의 경우에, **항공 승무원**으로서 가장 **위기감**을 느꼈을 때는 **언제**였어요? 그 **위기**를 어떻게 **이겨**냈나요?

오윤혜   예전에 손님에게 욕을 들은 적이 있어요. 날씨 때문에 출발이 지연되었는데, 손님 한 분이 엄청 화를 내셨죠. 얼마 후 날씨가 좋아져 탑승이 시작되었고 출발준비를 모두 마쳤는데도 출발할 수가 없었어요. 화를 내셨던 손님이 아직 탑승을 하지 않았던 거죠. 그 손님은 연착된 비행기 때문

우수 승무원을 알리고 승무원이 알아두면 좋을 상식과 문화정보 등을 전하는 사내 게시판. 항공 승무원들은 서로 근무하는 시간이 다르기 때문에 다 함께 모여서 공지사항을 알리기보다 사내 게시판과 인트라넷을 통해 회사의 소식이나 알아두어야 할 정보를 확인한다.

에 탑승구 앞에서 공항 서비스 직원에게 불만을 토로하고 있었어요. 5분쯤 시간이 흐르고 그 손님이 비행기에 올랐는데, 천천히 외투를 벗으며 좌석에 앉지 않고 서 있는 거예요. 항공기는 모든 손님이 자리에 앉아 좌석 벨트를 착용해야 출발할 수 있거든요. 마음이 급해진 제가 손님에게 말했죠. "손님, 자리에 앉아주시겠습니까?" 그런데 그 손님은 항공기 지연부터 탑승까지 화가 났던 걸 갑자기 저에게 쏟아부으며 욕설을 하는 거예요. '안전을 위해 자리에 앉으라고 말한 건데, 어떻게 이런 욕설을 할 수가 있을까?' 이해도 안되고 속상하고 억울했죠.

그때 함께 비행했던 매니저님이 저를 위로해 주셨어요.

"그 사람이 오윤혜 개인에게 욕한 게 아니에요. 유니폼을 입은 승무원에게 욕한 거예요. 그러니 너무 마음에 담아 두지 마세요."

맞는 말이었어요. 유니폼을 벗으면 저와 그 손님은 아무런 관계도 아니니까요. 그래도 그 손님에 대한 원망이 금세 사라지진 않았죠. 지금 돌이켜보면 한 번은 겪어야 할 통과의례가 아니었나 싶어요.

두 분과 얘기를 나누다보니, **승무원**이라는 **직업**을 정말 **사랑**하시는 것 같아요. **승무원**이라는 **직업인**으로서 가장 **뿌듯**할 때는 **언제**일까요?

송현주 한 번 비행에 200명에서 400명 정도의 손님을 모시게 돼요. 이 손님들이 모두 별 탈 없이 편안하게 있다가 가실 때 가장 뿌듯하고 기분이 좋아요. 미국 뉴욕 노선의 경우, 14명에서 20명 정도의 승무원이 각자 맡은 구역에서 열네 시간 넘게 손님들에게 서비스를 하는데, 사소한 사건 하나 없이 비행을 마치는 게 쉬운 일이 아니죠.

비행을 무사히 마쳤을 때가 승무원으로서 가장 큰 자긍심을 느끼는 순간이에요. 아무 일 없이 무사히 끝낸 비행이 가장 기뻐요. 손님에게 칭찬받았을 때도 자긍심을 느껴요. 덕분에 너무 편하고 즐거운 비행이었다고 말해 주는 손님에게 절로 감사한 마음이 샘솟아요. 여러 가지 난처한 상황에 처한 손님에게 도움을 드려 다행히 잘 해결될 때도 기분이 좋아요. 주변 사람들이 승무원이야말로 보람 있고 좋은 직업이라고 인정해 줄 때도 어깨가 으쓱해져요.

오윤혜 제가 승무원으로서 제일 보람을 느낄 때는 목적지에 도착했을 때 손님과 그 손님을 마중 나온 사람이 서로 부둥켜안는 모습을 볼 때예요. 손님을 원하는 목적지까지 무사히 모시고 와서 소중한 사람을 행복한 마음으로 만날 수 있게 도왔다는 생각에 가슴이 뭉클해져요.

비행기가 착륙하여 내리던 손님이 "수고하셨습니다. 좋은 하루 되십시오." 하고 저희에게 진심 어린 인사를 하실 때가 있어요. 그럴 때면 '내가 정말 승무원으로 일하길 잘했구나.' 하며 가슴이 뭉클해지곤 해요.

두 분은 **비행근무** 외에 **다른 업무**를 더 맡고 계시다고 **얘기**를 들었어요. **지금** 어떤 **보직**을 맡고 있나요? 그리고 **항공 승무원**의 **직급체계**와 **승진요건**도 알고 싶습니다.

송현주   저는 올해 1월부터 회사의 이미지 메이킹 업무를 담당하고 있습니다. 회사의 서비스를 향상시키고 이미지 메이킹 매뉴얼에 따라 유니폼을 입었을 때 좋은 모습이 나올 수 있도록 승무원들을 돕는 일이에요. 또한 캠페인이나 교육을 통해 승무원들이 자신의 본분에 맞게, 더 단정하고 아름답게 자신을 가꿀 수 있도록 돕습니다. 메이크업 교육을 주관하기도 하고 건강한 비행을 위해 운동에도 관심을 가질 수 있도록 돕기도 하고 신입들에게 여러 가지 조언을 해 주기도 합니다. 유니폼과 같은 지급품에 있어 곤란한 점은 없는지 살피는 것 역시 저의 일입니다.
비행근무 때와는 다른 분야의 업무를 배울 수 있으니 이런 기회를 갖게 된 것도 저에게는 행운이죠. 승무직을 하면서 보직을 겸하는 식입니다.

오윤혜   저는 안전교육 담당교관으로 일하고 있어요. 신입 승무원(훈련생)과 현직 승무원의 안전교육을 담당하고 있어요. 올해로 교관 2년차인데, 저 역시 승무직과 함께 교관업무를 병행하고 있습니다. 교관으로 활동하는 기간은 평균 6~7년 정도예요. 새로운 교관이 임명되면 다시 승무원으로 완벽하게 돌아가게 되죠.
승무원의 직급은 '승무원-선임 승무원-부사무장-사무장(매니저)-선임 사무장(차장급)-수석 사무장(부장급)' 순이에요. 인사평가를 통해 직급이 오

비행근무 외에 추가적인 업무보직을 맡는 경우들이 있다. 이미지 메이킹 업무의 경우, 어떻게 하면 더 아름답고 단정한 이미지를 연출할 수 있을 지 조언하는 업무로, 이미지 메이킹실 안에 다양한 정보를 게시하고, 다른 승무원들에게 머리부터 발끝까지 유니폼을 비롯한 복장을 더 깔끔하게 유지할 수 있는 방법을 제시한다.
사진은 아시아나 이미지 메이킹실의 게시판과 후배들에게 이미지 메이킹에 대한 조언을 하고 있는 송현주 승무원.

르는데 업무능력과 성실함이 우선이에요. 비행기를 놓치는 miss(일반 회사로 보면 결근), late(지각)을 하거나, 영어를 비롯하여 여러 자격이 미달되는 승무원, 손님들의 불만 접수가 잦거나 근무평가 점수가 낮은 승무원은 승진이 어려울 수 있어요. 또한 회사에 대한 업무 기여도가 높으면 승진도 빨라지죠.

"항공 승무원 직급 총정리"

• 승무원
채용과정을 통해 승무원으로서 최종선발 되면 입사해 신입 승무원 교육을 받는다. 신입 승무원 교육을 마친 뒤에는 현장실습 교육, 즉 OJT가 이뤄진다. OJT를 모두 이수하면 첫 비행을 하게 되고 승무원으로서 본격적인 실전업무에 돌입한다. 선임 승무원이 되기 전까지 승무원이라고 불린다.

• 선임 승무원
승무원으로 근무를 한 지, 만 2년이 지나면 인사평가를 통해 선임 승무원에 임명된다.

• 부사무장
선임 승무원이 되면 이후 자격심사를 통해 부사무장이 될 수 있다. 기내방송 자격과 영어 실력 등 각 항공사마다 요구하는 자격요건을 모두 갖춘 후 인사 평가과정을 거쳐 부사무장으로 진급할 수 있다.

• 사무장
부사무장이 되고 만 3년 정도가 되면 자격심사를 통해 사무장으로 승진할 수 있다. 사무장은 비행정보, 목적지, 비행시간, 손님 현황 등 기내에서 일어나는 모든 사항을 책임지고 관리, 감독해야 한다.

• 선임 사무장
사무장이 되고 만 4년 정도가 지나면 영어 실력을 비롯해 팀장 능력평가 등의 자격심사 후 선임 사무장이 될 수 있다.

• 수석 사무장
선임 사무장이 되고 만 4년 정도가 지나면 수석 사무장 자격심사 대상이 된다. 승무원으로 서는 최고의 직급이다.

항공 승무원이 된 후에는
어떤 노력을 해야 할까?

항공 승무원들은 **신입 교육** 이후에도 여러 교육을 받는다면서요? **어떤 교육**을 받는지 궁금합니다.

오윤혜 우선 1년에 한 번 승무원 자격 유지를 위한 정기 안전교육을 받습니다. 안전교육과 함께 심사를 하는데, 심사를 통과해야만 승무원 자격을 유지할 수 있습니다. 또한 서비스 보수 훈련과 이미지 메이킹 교육도 받

항공 승무원의 경우 깔끔한 인상을 위해 지나치게 밝은 염색보다는 자연스러운 머리 색이 권장된다.

습니다. 필요에 따라 승무원들에게 메이크업 아티스트의 강의를 제공하기도 합니다. 메이크업 관련해서는 항상 상주 인력이 있기 때문에 비행 전 언제나 손쉽게 메이크업 정보와 도움을 받을 수 있어요.

송현주 승무원이 된 지 3년이 지나면 비즈니스클래스 교육을 받을 수 있어요. 비즈니스클래스 교육과정에는 와인, 서양식과 한식에 대한 집중 교육이 있습니다. 또 꼭 지켜야 할 매너도 배워요. 비즈니스클래스 교육을 받은 다음에는 퍼스트클래스 교육을 받을 수 있습니다. 비즈니스클래스 교육보다 더 심화된 과정을 배우죠. 또한 다른 부서의 업무를 이해하지 못해서 오해가 생기는 일이 없도록 전 직원이 함께 교육을 받기도 합니다. 이 교육을 통해 서로 업무를 이해하고 배려할 수 있게 되죠.

오윤혜 정기적인 사내 교육뿐만 아니라 승무원들이 자발적으로 교육에 참여하는 경우도 많습니다. 외국어를 좀 더 잘하고 싶은 승무원들끼리 사내 동아리를 하기도 합니다. 외국어에 능통한 사람이 정기 모임을 이끌죠. 대학원에서 공부하는 승무원도 있고, 온라인 교육을 받기도 해요. 승무원들은 학구열이 매우 높아요. 자기계발을 통해 전문성을 더하려는 열의가 대단합니다.

항공 승무원은 근무하는 내내 자기계발을 위해 노력한다. 영어뿐만 아니라 일본어, 중국어 등의 언어를 익히는 것에서부터, 와인, 커피 등 서비스 품목에 대한 전문적 지식을 높이는 등 각 승무원마다 업무에 도움이 될 만한 능력을 향상하기 위한 노력을 꾸준히 한다. 사진은 회사 LAP실에서 외국어를 공부하고 있는 오윤혜 승무원.

두 분은 **업무능력 향상**을 위해서 어떤 **노력**을 하는지 궁금합니다.

오윤혜 현재 교관으로 일하고 있으니까 전달력을 높이고 수업 내용의 정확성을 높이기 위해 공부하고 있어요. 또 외국어 점수를 높이기 위한 노력도 꾸준히 하고 있습니다.

송현주 저는 영어 공부와 중국어 공부를 조금씩 하고 있어요. 승무원은 여러 나라의 문화를 접하는 직업이다 보니 다방면에 관심을 가질 수 있는 기회도 그만큼 많아요. 그래서 여러 분야에 관심을 갖고 깊이 있게 배우는 승무원들, 자격증을 취득하는 승무원들도 많아요. 이렇게 배운 것들이 기내 서비스에 접목해서 더 나은 서비스를 하는데 응용하기도 하고, 그들만의 특화 서비스로 발전하기도 해요. 손님들과 깊은 대화를 나누는 데도 도움이 되구요.

많은 사람들을 만나고 **서비스** 해야 하는 업무인데다가, **장시간 비행**도 잦아서 **항공 승무원**으로 일하는 것이 결코 만만치 않을 것 같습니다. 그만큼 **스트레스**와 **건강관리**가 중요하지 않을까 싶은데요, **항공 승무원**으로서 **몸**과 **마음**의 **건강**을 유지하기 위한 나만의 **방법**이 있다면요?

오윤혜 가장 단순하지만 가장 확실한 건, 잘 먹고 잘 자는 거라고 생각해요. 그리고 몸매도 관리하고 체력도 관리하기 위해 업무가 끝난 뒤 가능하다면 회사 헬스장에서 운동을 하고 집으로 돌아가요. 운동이 피로를 푸는 데 도움을 주기도 하더라고요. 꾸준한 운동만한 건강관리가 없다고 생각해요.

송현주 외국으로 비행을 나가 호텔에서 머무를 때 좋은 점 중 하나가 호텔 안에 있는 운동 시설을 마음껏 이용할 수 있다는 거예요. 체력관리도 할 겸 자주 이용하고 있죠. 오랫동안 서 있는 직업이라 다리가 부을 때가 많아서 스트레칭을 하거나 족욕으로 발의 피로를 풀기도 해요. 간단하게 할 수 있는 요가 동작들을 익혀두었다가 틈틈이 하는데, 피로도 풀리고 컨디션 조절에도 도움이 됩니다.

각 항공사에서는 장시간 비행으로 지치기 쉬운 승객들의 무료함을 달래주고 행복한 추억을 전달하고자 다양한 부대 서비스를 제공한다. 마술, 네일아트, 편지쓰기 등 항공사마다 프로그램을 달리한다. 이러한 특별 서비스팀에 소속된 승무원들은 일반업무 외에 부대 서비스를 추가로 제공하기에 자기계발이 더욱 중요하다. 사진은 아시아나항공의 매직팀.

사실 승무원은 손님처럼 내내 앉아 있지 않고 계속 돌아다니니까 오히려 덜 피곤하다고 느껴지는 면도 있어요. 비행기 탔을 때 내내 앉아 있거나 잠을 자기보다 잠깐이라도 일어나 기내를 돌아다녀보세요. 안 되면 팔과 다리라도 쭉 펴보세요. 그럼 비행 피로가 훨씬 줄어들 거예요.

두 분이 **생각**하는 **최고**의 **기내 서비스**는 무엇인가요?

송현주 저는 '맞춤형' 서비스라고 생각해요. 외국인에게는 그 문화에 맞는 서비스, 어린이에게는 친근한 서비스, 어르신에게는 예의 바르면서도 다정한 서비스, 몸이 불편한 이에게는 그에 맞는 서비스를 해드리는 것이죠. 손님에게 가장 편안하고 즐거운 비행을 만드는 것이 제일 좋은 서비스라고 생각해요.

오윤혜 제가 생각하는 최고의 기내 서비스는 '배려'예요. 승무원과 손님이 서로 배려하는 서비스가 가장 바람직하다고 생각하죠. 승무원이라 하면 무조건 손님의 편의에 맞추어야만 한다고 오해할 때가 있어요. 승무원은 안전과 서비스를 담당하는 사람으로 통제력과 상냥함이 공존해야 해요. 손님에게 무조건 잘해야만 하는 것이 아니라, 적절한 시점에 손님이 필요로 하는 부분을 충족시킬 수 있는 능력이 있어야 한다는 말이죠. 상대방을 관찰하고 이해하고 서로 다르다는 것을 인정할 수 있어야 진정한 의미의 배려를 할 수 있다고 생각합니다.

항공 승무원은 다른 직종과 달리 **남성** 종사자보다 **여성** 종사자가 더 **많습니다. 항공 승무원**들 사이에 혹시 **남녀차별**은 없는지 궁금해요.

송현주 남녀차별은 거의 없어요. 남자의 경우 군대를 다녀오기 때문에 그

시간을 인정해 주기는 하지만 기본적인 면에서는 차이가 없어요. 남자든 여자든 모두 같은 일을 하고, 더구나 여자가 많은 곳이라 여직원들에게 좋은 점이 많아요.

오윤혜 일하는 동안 남녀차별을 느낀 적은 없어요. 다만 특별한 경우에 여자보다 남자의 역할이 더 필요할 때가 있죠. 아직도 우리나라 문화에서 여승무원에게 기대하는 모습은 부드러움과 상냥함이잖아요. 그래서 안전과 보안에 관련된 분야에서 적당한 통제와 단호함이 필요할 때는 남승무원이 상황을 호전시키는 데 도움이 될 때가 있어요.

남성 승무원이 늘어나고 있는데요, 항공 승무원이라는 **직업**을 남성이 가진다고 할 때 특별한 **장점**은 어떤 것일까요?

오윤혜 제가 남자가 아니라 잘 모르겠지만, 승무원이 거의 여성이라 함께 일할 때 분위기가 부드럽다는 점이 장점이 아닐까 해요. 노선과 보안 단계에 따라 테러 위협이나 보안에 위협이 될 만한 일이 생길 때를 대비하여 남성 승무원을 꼭 태워야 한다는 규정이 있어요. 보안요원의 경우 남녀 구분 없이 맡고 있습니다. 기내 서비스를 하면서 보안임무도 함께 수행하죠.

송현주 승무원은 9시 출근, 6시 퇴근이 아니라 스케줄에 따라 근무하다

보니 회식 스트레스는 많지 않아요. 해외에서 자신만의 시간을 가질 수 있으니 취미활동이나 운동 등 자신을 위해 투자할 시간이 많다는 것도 장점이지요. 성별과 상관없이 모두에게 장점이 많은 직업이라 생각합니다.

항공 승무원의 캐리어에는 무엇이 들어 있을까? 여권과 기내 서비스 때 신는 단화, 앞치마 등이 눈에 띄고 짬짬이 읽을 책 한 권, 해외 체류시 편하게 입을 수 있는 트레이닝 복, 체력 관리를 위해 해외 숙소의 피트니스 센터를 이용하기 위한 운동화 등이 보인다. 승무원 업무 매뉴얼북도 빠질 수 없다.

"항공 승무원이 궁금해요!"

항공 승무원의 성비, 연령, 학력이 궁금합니다.

성별은 여성이 압도적으로 많습니다. 하지만 남성의 비중도 꾸준히 늘어 현재는 전체 구성원의 11.6%를 기록하고 있습니다.

항공 승무원은 점점 '평생직장'의 개념으로 자리 잡고 있습니다. 결혼과 출산 후에도 항공 승무원으로 계속 일하는 여직원들이 점점 늘고 있습니다. 하지만 40대 비율이 10%가 채 되지 않기 때문인지 아직 우리나라에서는 '젊은 여성'의 직업으로 더 많이 인식되어 있습니다.

학력조건이 전문대졸 이상이기에 고졸 승무원은 없으며, 대졸이 전체 항공 승무원 중 80%에 육박한다는 것을 알 수 있습니다.

● 성 별

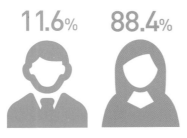

11.6%　88.4%

● 연 령

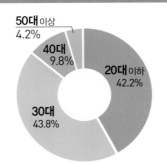

50대 이상
4.2%
40대
9.8%
20대 이하
42.2%
30대
43.8%

● 학력분포

0.0%　19.8%　77.2%　3.0%

고졸
이하　전문
대졸　대졸　대학원졸

출처: 워크넷 한국직업전망(www.work.go.kr)

Q2

항공 승무원의 연봉이 궁금해요!

인터넷 신문인 시크뉴스(http://chic.news.mk.co.kr)가 게재한 2015년 5월 18일 기사 "에어부산 등 저비용항공사 연봉 살펴보니… 대기업 수준 '눈길'"에 따르면, 2014년 기준 에어부산의 항공 승무원 대졸 초임연봉은 3,200만 원으로 밝혀졌습니다. 다른 저가 항공사들 또한 비슷한 수준이라고 합니다. 대한항공과 아시아나항공은 이보다 조금 더 높은 수준이라고 합니다. 대부분 항공사가 연봉과 별도로 수당을 지급하기 때문에, 대기업 정규직 대졸 평균초임 4,075만 원(한국경영자총협회, 2016년 2월 2일 발표)와 비교해도 크게 떨어지지 않는다는 것을 알 수 있습니다.

경력직의 경우, 세계일보가 게재한 2015년 5월 26일 기사 "10년 승무원 연봉 5,634만 원+α"에 따르면, 경력 10년 항공 승무원의 연봉은 5,634만 원이며, 여기에 연장, 야간, 휴일 수당 등이 별도로 지급된다고 하였습니다.

항공 승무원이 되면 비행기를 언제든지 무료로 탈 수 있나요?

항공사마다 다르겠지만, 아시아나항공 같은 경우에는 승무원뿐만 아니라 항공사 직원 모두가 항공권 할인혜택을 누릴 수 있습니다. 본인은 물론이고, 직계 가족과 배우자의 직계 가족, 자녀까지 해당됩니다. 직원 할인 티켓은 조건에 따라 여러 종류가 있지만, 보통은 빈 좌석이 있어야 탈 수 있는 대기 예약 티켓입니다. 빈 좌석이 있다면 10~20% 정도 되는 요금만으로 탑승할 수 있습니다. 항공권 할인혜택은 항공사 직원으로서 누릴 수 있는 가장 큰 혜택이 아닐까 싶습니다.

일부 외국항공사에서는 형부나 올케, 심지어 아이를 돌봐주는 보모에게도 항공권을 할인해 준다고 합니다. '친구 할인'이라고 하여 승무원의 지인도 할인 티켓을 주는 경우가 있다고 합니다.

비행 후 외국에서 머무를 때 가족과 함께 여행을 할 수 있나요?

항공 승무원의 비행일정은 한 달 전에 나옵니다. 비행 스케줄은 컴퓨터가 무작위로 정합니다. 한국으로 돌아오기 전 외국에서 머무르는 시간은 그리 길지 않기 때문에, 가족이 함께 여행을 하기란 쉬운 일이 아닙니다. 휴가를 이용하여 가족여행을 계획해야만 여유로운 여행을 즐길 수 있습니다.

항공 승무원도 계약직이 있나요?

항공사마다 다르지만, 국내 항공사의 경우 승무원으로 입사하면 1년간 인턴 승무원으로 근무하는 것이 가장 일반적입니다. 인턴 기간 동안의 비행 근무평가 결과와 임원 면접을 거쳐 정직원으로 채용합니다. 큰 문제가 없는 한 거의 전환되는 편입니다.

외국 항공사의 경우 좀 다릅니다. 계약직이 많은데 그 중에서도 자동으로 계약이 연장되는 무기 계약직이나, 2년만 근무한 후 근무평가 점수에 상관없이 무조건 회사를 떠나야 하는 경우, 2년 계약 후 근무평가에 따라 계약이 연장되는 경우 등 다 다릅니다. 우선 목표하는 회사를 정한 후, 근무 조건을 꼼꼼히 살펴보아야겠습니다.

✈ 07

손님, 동료, 멘토,
항공 승무원의 사람 이야기

항상 손님들을 만나는 일인 만큼, **특별히** 기억에 남는 **손님**이 있을 것 같아요. 이야기해 주시겠어요?

오윤혜 어느 그룹 회장님과 그 부인이 기억나요. 새벽에 이륙하는 비행기여서 두 분 다 피곤해 보였어요. 그런데 식사 서비스를 하러 갔더니 회장님이 이렇게 말씀하시더라고요. "저희는 신경 쓰지 마세요. 일찍 나와서 배가 고프지 않아요. 저희는 식사보다 자는 게 좋겠어요. 필요하면 저희가 말할게요." 부담 갖지 말라고 배려한 말씀이지만, 비즈니스 클래스를 담당한 승무원으로서 신경 쓰지 않을 수 없었어요. 얼마 뒤 잠에서 깨어나자 다시 "시장하지 않으십니까? 간단하게라도 뭐 드시지 않겠습니까?" 하고 여쭤봤죠. 회장님이 부인을 살포시 깨우며 물어보셨어요. "자네 뭐 먹을 건가?" 남편의 부드러운 말투에 부인은 "저는 더 잘래요."라고 대답했죠. 회장님은 "저희는 정말 신경 쓰지 마세요."라고 말씀해 주셨어요. 권위적이지 않은 태도와 부인에게 다정히 대하는 모습에 더욱더 신경 써서 편하게 모시고 싶어지더라고요. 또한 나는 평소 태도가 어떠했나 하고 스스로를 돌아보는 계기가 되었어요.

송현주 팀의 막내였을 때 외국으로 입양 가는 아기들을 만난 적이 있어요. 돌보는 아주머니가 곁에 있어도 아기들은 내내 울었죠. 너무 많이 울어서 승무원들이 함께 어르고 달랬어요. 입양 가는 게 싫어서 저리 서럽게 우나 싶어 마음이 아팠죠. 비행이 끝난 뒤 그 아기들을 공항에서 보게 되니, 기분이 이상하더라고요. 새 부모를 만나 다행이라는 생각도 들고, 낯선 나라에서 얼마나 힘들게 살아갈까 걱정도 되고요.

한 번은 한국으로 돌아오는 길에 '돌봄 신청(손님 중 노약자 등이 따로 돌봐줄 것을 신청하는 것)'을 한 할머님을 모신 적이 있는데, 귀국하는 이유를 여쭈었더니 "인생의 마지막은 고향에서 보내야지."라고 말씀하시더라고요. 마음이 짠했죠. 짧은 만남이지만 그렇게 기억에 남는 손님들이 있습니다. 그래서 오늘은 어떤 손님을 만나게 될까 하는 기대감도 생기고요.

힘들 때 되뇌는 **나**에게 힘이 되는 **한마디**는 무엇인가요?

송현주 혼자 있을 때나 운전할 때, 거울을 볼 때 하는 건데요, 생각보다 효과가 있어요. "오늘도 파이팅하자! 잘할 수 있어!" 또는 "이 정도면 아주 잘했어!"라고 스스로에게 주문을 걸어요.(웃음)

오윤혜 전 '이 또한 지나가리라.'예요. 나를 힘들게 하고 지치게 하는 그 어떤 일도 인생에서는 한 조각일 뿐이라고 생각하면, 무척이나 무겁게 느껴지던 일, 집착하던 일도 한걸음 떨어진 거리에서 지켜볼 수 있는 여유가 생기는 것 같습니다. 기운을 쭉 빠지게 하는 일 때문에 지금 너무 고통스럽지만, 나중에 그 일이 나만의 추억이 될 거라 생각하면 긍정적인 마음으로 이겨낼 수 있어요.

항공 승무원들 사이의 유대감이나 인간관계는 어떤가요?

오윤혜 승무원들은 잘 모르는 사람이라도 같은 유니폼을 입고 있다면 반갑게 인사해요. 모르는 동료, 친분이 없는 동료에게도 서로 같은 일을 하고 있다는 유대감으로 언제나 반갑게 인사하는 것이 승무원들만의 독특한 문화 중 하나인 거죠.

송현주 열네 명 정도가 한 그룹(국제선)을 이뤄 1년 동안 비행을 하지만, 휴가나 비행 일정에 따라 변수가 생겨요. 매 비행마다 다른 승무원들을 만날 수도 있는 거죠.
그래서 평소에 SNS를 통해 안부를 묻고 스케줄이 맞는 날이면 함께 만나 친분을 돈독히 해요. 비행으로 해외에 나갔을 때 함께 시간을 보내며 좋은 추억을 쌓기도 하고요. 저희는 같은 일을 하지만 같은 공간에서 일을 하지 않는 경우가 많아요. 그래서 다른 회사원들과는 조금은 다른 방식으로 서로에 대한 유대감과 믿음을 쌓아가는 게 아닐까 해요. 승무원들만의 직장 문화라고 할 수 있죠.

저는 오랫동안 '인 더 캐빈(IN THE CABIN)'이란 승무원을 위한 잡지를 발간하는 동아리에서 승무원을 위한 맛집, 이달의 행사 등을 소개하는 기자로 활동했어요. 이외에도 봉사 동아리, 운동 동아리, 밴드음악 동아리 등 여러 개의 모임이 있습니다. 이런 동아리 활동도 동료들과 좋은 관계를 맺을 수 있는 기회가 되죠.

항공 승무원들은 비행일정이 달라 자주 만나기가 힘들다. 같은 팀이어도 일정에 따라 한 달에 한 번도 못 만나는 경우가 적지 않다. 그래서 사물함에 정을 담은 작은 선물을 건네며 감사의 마음과 우정을 나눈다. 사진은 아시아나항공의 항공 승무원 사물함에 놓인 작은 선물들.

두 분 다 **베테랑**이시지만, 그럼에도 **롤 모델**이 되어 주는, 그리고 **조언**을 해주는 **멘토**가 있는지 궁금합니다.

오윤혜 현재 아시아나항공에 근무하는 매니저님이신데요, 저희는 비행갈 때마다 새로운 팀이 구성되는데 어느 날 그 매니저님과 같은 비행에 배정되었어요. 비행 전 브리핑에서 매니저님께서 이런 말씀을 하셨어요.
"오늘 같이 비행하는 매니저입니다. 무슨 일이 생긴다면 제가 반드시 해결하겠습니다. 그러니 걱정하지 마세요."
온화하면서도 자신감 있게 저희를 이끄는 부드러운 카리스마에 감동받았어요. 기내에서 손님과 마찰이 생길 때도 그 매니저님께서 언제나 상냥한 표정으로 해결하시고, 여러 일이 몰려서 해결하기 힘들 때 아무 일 아닌 듯 부드럽게 조율하시는 모습을 보면서 '나도 저런 리더가 되어야겠다.'라고 각오를 다지곤 해요.

송현주 저 역시 비행하면서 만난 선배 매니저님이에요. 그분은 비행 전후에 꼭 이렇게 물으셨어요.
"오늘 어떤 마음으로 비행하러 왔나요? 오늘 비행에서 기억에 남는 사람은 누구였어요?"
그런 질문을 받고 곰곰이 생각하는 시간을 가지면서, 매번의 비행이 그냥 스쳐가는 일과가 아니라 각각의 의미 있는 비행으로 기억되었어요. 힘든 업무 가운데에서도 자신의 에너지를 잃지 않는 법을 알려주신 거죠.

나에게 **도움**이 되었던 **경쟁자** 또는 **동료**에 대한 이야기도 듣고 싶어요.

오윤혜 정말 저와 여러 면에서 다른 동기가 있었어요. 성격이며 그에 따른 행동과 말씨가 모두 달랐어요. 그런데 같이 일하고 부딪히면서 제가 잘하는 부분과 동기가 잘하는 부분이 서로에게 보완이 되더라고요. 서로 너무 달라서 이해하지 못할 때도 있었지만, 서로를 믿고 의지하며 조율하는 법을 배울 수 있었어요.

그 친구는 모든 사람과 공감하려는 마음이 누구보다 컸어요. 바쁘고 짧은 비행에서 많은 손님의 요구를 모두 만족시킬 수 없을 때도 손님의 말 한마디 한마디를 거듭 생각하며 응대했습니다. 그 친구에게서 공감하는 법의 중요성과 방법을 많이 배웠고, 비행이 더 즐거워졌어요. 서로의 다름이 서로를 더 발전시키는 계기가 되지 않았나 싶어요.

후배가 될 너희들에게

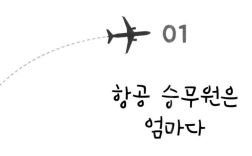

chapter 4

01

항공 승무원은
엄마다

10년 넘게 한 가지 **일**에 **매진**할 수 있는 **원동력**은 무엇인가요? **항공 승무원**이라는 **직업**에 어떤 **매력**이 있어요?

송현주 승무원이라는 직업은 비행을 나갈 때마다 팀원이 바뀌기 때문에 인간관계에서 스트레스를 받는 경우가 많아요. 누구와 함께 비행을 가느냐가 업무 성취도에서 큰 부분을 차지하죠. 저는 신입 때부터 사내 동아리에서 활동했어요. 그 안에서 끈끈한 동료애를 느끼며 비행 스트레스를 풀곤 했죠.

신입일 때는 선배들에게 의지했고, 선배가 된 지금은 후배들을 보듬어 주고 있어요. 쉬는 날이면 개인적으로 만나 수다를 떨며 정을 나누지요. 그런 활동과 만남이 지치지 않고 오랫동안 이 일을 할 수 있는 원동력이 된 것 같아요.

반대로 생각해 보면 늘 같은 곳, 같은 사람과 일하지 않는다는 점이 이 직업의 매력이 아닐까 해요.

오윤혜 하던 일이 익숙해지고 안정된다 싶으면 또 다른 일이 생기고, 그 일이 다시 익숙해지고 자신감이 생긴다 싶으면 다시 새롭게 배울 거리가 생겨요.

그래서 '이쯤 하면 되겠지'가 안 되죠. '아직도 멀었구나. 갈 길이 많이 남았구나.' 하고 생각하게 돼요. 새로운 일에 도전하는 매력이 저를 사로잡는 것 같아요.

항공 승무원이라는 **직업**에 대해 갖고 있는 **철학**이나 **소명**은 무엇인가요?

송현주 승무원이란 새로운 경험을 좋아하는 사람, 새로운 환경에 잘 적응하고 즐기는 사람에게 적합한 직업이지 않을까 해요. 다양한 문화를 접할 기회가 열려 있는 직업이라는 것 또한 매력이고요. 장점이 많은 만큼 힘든 점도 많기에 스스로 이겨내며 성취감을 느끼는 것 같아요. 이 생활에서 즐거움을 찾으려는 것이 제가 가진 직업에 대한 철학입니다. 내가 일하는 곳에서 즐거움을 찾지 못하면 그곳이 아무리 고소득을 보장하는 직장이라도 행복하고 보람 있게 일할 수 없겠죠.

오윤혜 승무원을 한 마디로 정의한다면, '승무원은 엄마다.'라고 말하고 싶어요. 우리 집에 누군가 방문하면 엄마는 그 손님을 대접하기 위해 좋은 자리를 내어주고 맛있는 식사를 대접하고 즐겁고 편하게 지내다 갈 수 있도록 정성을 다하잖아요.

우리 집에 머무르는 동안 손님이 불편하지는 않은지 신경 쓰는 역할을 비행기 안에서 하는 사람이 바로 승무원이죠. '손님을 모시는 동안에는 엄마가 되자.'는 게 제 직업에 대한 철학이고 소명이에요.

항공 승무원이 되고 싶니?

앞으로의 **꿈**과 **계획**, 그리고 **목표**가 뭔지 이야기해- 주세요.

송현주 무엇보다 중요한 건 지금 현재의 업무에 충실한 것이지요. 선배로서, 후배로서 닮고 싶은 승무원, 손님들을 편안하게 모실 수 있는 승무원이 되는 것이 가장 큰 목표입니다. 지금까지 이 직업에 몸담으면서 즐겁고 행복한 추억이 정말 많이 쌓였어요. 안전하고 편안하게 손님을 모셔서 감사의 인사를 받는 일부터 잠시 시간이 날 때 다른 나라에서 더 많은 세상을 경험하는 것까지, 승무원으로서 행복하고 뿌듯한 일들을 앞으로 더 많이 경험하고 싶습니다.

오윤혜 승무원으로 일하는 동안 최선을 다해 하루하루 저의 일을 즐기며 몰입하려고 해요.
아직도 비행준비를 하고 집을 나설 때면 설레요. 돈을 벌기 위해 직업을 택한 사람도 많겠지만, 저는 꿈꾸던 직업을 가지고 일할 수 있으니, 큰 복을 누리고 있는 셈이죠.

또 신입 승무원을 훈련시키는 교관으로서 그들이 부족함 없이 손님에서 진심을 다해 서비스할 수 있도록 더 많이 공부해서 전달해 주고자 합니다. 지금까지 쌓아온 배움과 경험을 토대로 믿을 수 있는 리더가 되는 것 또한 저의 꿈입니다.

항공 승무원을 **준비**하는 **이들**에게 들려주고 싶은 **조언**이 있다면 무엇인가요?

송현주 많은 경험을 쌓고, 지금 이 시간에 충실히 임하고, 자기 일에 대해 성실한 태도를 보인다면 승무원이 될 자격을 갖췄다고 봐요.

무엇보다 승무원이 되려면 다른 사람에 대한 배려와 열린 마음이 필요해요. 승무원은 결코 여행하는 직업이 아니에요. 여러 사람을 대하는 서비스직이죠. 이 직업에 대한 자신만의 가치관을 어느 정도 확립한 다음에 승무원을 지원했으면 좋겠어요. 그런 준비 없이는 오래 버티기가 힘들어요.

오윤혜 승무원이라는 직업은 결코 화려한 직업이 아니에요. 복잡한 상황에 대처해야 하는 직업의 특성상, 그 상황을 이겨내지 못하면 오래 일하기가 힘들죠. 안전과 서비스에 대해 확고한 신념이 없다면 하기 힘든 일이에요.

남들 눈에 멋있게만 보이기를 기대하며 승무원을 택한다면 말리고 싶어요. 근무하는 내내 여러 자격을 따야 하고 공부도 많이 해야 해요. 이런 점 때문에 누군가는 자긍심을 갖기도 하고 누군가는 중도에 포기하기도 하죠. 손님이 바라보는 승무원과 직업인 승무원은 전혀 다른 차원이에요.

만약 다시 항공 승무원이 되기 위한 준비과정을 다시 거친다면 무엇을 더 효율적으로 준비하고 싶나요?

송현주 외국어 공부를 더 많이 하고 싶어요. 영어 외에 일본어, 중국어 등 여러 외국어를 배워두면 이 일이 훨씬 더 재미있지 않을까 싶어요. 외국인 손님들은 한국 손님들과 다르게 승무원에게 자주 말을 걸어와요. 키우는 강아지 이야기, 가족이나 자신에 대한 이야기를 하면서 승무원에게 물어요. "당신의 할머니는 어떤 분이세요?" 이런 식으로 말이죠. 혼자 앉아 있기가 답답한 이들은 승무원이 일하는 갤리까지 와서 말을 걸기도 해요. 하지만 영어 소통능력이 부족하면 외국인 손님과 깊이 대화할 수가 없어요. 더 많은 손님들에게 좋은 서비스를 하기 위해서, 다시 준비한다면 외국어를 더 열심히 준비하고 싶습니다.
다양한 상식을 갖추는 건 면접에도 도움이 돼요. 풍부한 상식이 나의 자신감이 되는 거지요. 면접관 앞에서 긴장도 덜 하게 될 거예요.

오윤혜 저도 마찬가지로 외국어 공부를 더 충실히 하고 싶어요. 또 여러 나라의 문화와 역사와 지리에 관한 공부도요. 비행을 다니면서 '이런 부분에서 내가 부족하구나.' 하고 자주 생각했어요. 독서를 더 많이 해서 상식을 쌓으면 손님을 응대할 때 더 많이 이해할 수 있지 않을까 싶어요. 다시 승무원 시험을 준비하는 과정으로 돌아간다면 또다시 엄마를 앞에 앉혀두고 모의 면접준비를 하며 고군분투하겠지요?(웃음)

미래의 후배가 될 청소년들에게 조금이나마 더 도움이 되고자 긴 시간 동안 속 깊은 이야기를 나누어 준 송현주 승무원(우), 오윤혜 승무원(좌)

"한발 더 들어가서 본 항공 승무원의 세계"

항공 승무원의 '직업병'은 어떤 것이 있을까요?

항공 승무원은 비행 스케줄에 따라 시차나 기온차가 큰 나라에 머무는 경우가 있기 때문에 몸 상태를 잘 관리해야 합니다. 그렇지 않으면 면역력이 약해져 감기에 걸리거나 다른 질병에도 쉽게 걸릴 수 있습니다. 상승과 하강시 기압차 때문에 중이염도 쉽게 걸릴 수 있습니다. 손님의 짐을 올리는 것을 돕는 과정에서 허리나 손목 부상을 입는 승무원들도 있다고 합니다.

비행기 안이 워낙 건조한 것도 항공 승무원들의 건강에 다소 무리를 줄 수 있습니다. 그래서 항공 승무원들은 물을 자주 마셔 수분을 보충하고, 장거리 비행시 항공 승무원들이 쉬는 공간인 벙커에서 휴식을 취할 때도 젖은 수건을 머리맡에 두는 등 노력을 기울인다고 합니다.

어떠한 일을 하든지 스트레스 관리나 건강관리는 직장생활에서 가장 중요한 요소입니다. 미리 자신의 상태를 체크하고, 꾸준히 체력관리를 해야만 건강하게 비행생활을 할 수 있기 때문에 승무원들은 항상 자기관리에 신경 씁니다.

또 다른 직업병이 있다면, 항공 승무원이 된 이후부터 어디를 가나 비상구를 먼저 확인하는 습관이 생겼다고 많은 항공 승무원들이 말합니다. 영화관, 레스토랑 등 사람이 많은 곳에 가면 비상구는 물론, 소화기가 어디 있는지 습관적으로 살피게 된다고 합니다. 손님의 안전을 책임지는 항공 승무원의 책임의식이 낳은 직업병이겠지요?

항공 승무원들은 언제 식사를 하나요?

손님들의 식사 서비스가 끝나고 휴식시간이 되면 항공 승무원들도 갤리에서 교대로 식사시간을 갖습니다. 식사 순서가 아닌 항공 승무원들은 계속해서 손님들을 살피고, 다음 서비스를 준비하는 등 각자 맡은 일을 합니다. 갤리는 사실 손님과 승무원이 지나다니는 통로입니다. 커튼을 치면 서비스 준비 공간인 갤리로 깜짝 변신을 합니다.

Q3

항공 승무원이 가지고 다니는
필수 아이템은 무엇인가요?

항공 승무원들에 따라 다르기는 합니다만, 보통은 안전점검을 위한 매뉴얼, 기내에서 신는 낮은 굽의 신발, 서비스를 위한 앞치마, 머리카락 정리를 위해 필요한 헤어스프레이, 여유분의 스타킹, 메이크업 수정을 위한 화장품 등을 항상 소지한다고 합니다.

장거리 비행을 간다면 나만의 시간을 위한 준비물들이 추가됩니다. 미니스피커, 태블릿 PC, 카메라, 피부를 위한 마스크 팩, 건강을 위한 운동복, 한 권의 책 등 회항 비행 전까지 휴식을 취할 때 필요한 준비물들을 챙긴다고 합니다.

반짇고리도 항공 승무원들의 필수 아이템이랍니다. 유니폼이나 앞치마의 솔기를 수선할 때, 때로는 승객이 단추가 떨어지는 등의 곤란을 겪을 때 꼭 필요하다고 합니다.

항공 승무원은 주로
어느 분야로 이직하나요?

오랜 비행경력을 바탕으로 다양한 분야에서 활동하며 재능을 펼치는 사람들이 많습니다. 항공운항과, 관광과 등 관련학과 대학교수가 되기도 하고, 승무원 양성학원의 강사로 활동하기도 합니다. 이미지 메이킹, 대화법 등 서비스나 컨설팅과 관련된 업종으로 이직하는 경우도 많습니다.

그 외에 여행, 항공관련 공기업에 취직하거나, 풍부한 해외경험을 살려 교육, 패션, 식음료, 무역 등 개인의 역량을 펼치는 승무원 출신 사업가들도 많습니다.

OSLO SÃO PAULO
MANILA
ISTANBUL LIMA
VIENNA CHICAG
SINGAP

ME
OGOTA
DOHA
SYDNEY
SAO PAULO
LOS ANGELES
AMSTERDAM
DUBLIN KYOTO
BUENOS AIRES LAS VEGAS PARIS NEW Y
BUENOS A
PHOENIX BERLIN BARCELON
HONG KONG SHANGHAI MOSC
MIAMI TORONTO BANGKOK CAIRO
CAIRO DENVER GUANGZHOU ROME

B
M

항공 승무원이 되는 과정은 **각 항공사마다 차이가** 있다. **국내** 항공사와 **국외 항공사**가 다르고 저가 항공사도 서로 기준이 다르다. 여기에서는 **청소년**들이 항공 승무원이라는 꿈을 키우는데 있어 **도움이 될 만한 보편적인 기준의 자료**를 중심으로 소개한다.

예비 항공 승무원을 위한
콕콕 멘토링

01

예비 항공 승무원을 위한
대학 및 학과 정보

우리가 흔히 스튜어디스(stewardess) 혹은 스튜어드(steward)라고 부르는 항공 승무원이 되기 위한 교육기관으로는 직업전문학교, 전문대학, 일반대학, 사설 항공 승무원 양성학원 등이 있습니다. 채용시 대학전공에 제한을 두지는 않지만 승무원과 직접 관련된 학과를 전공하면 다양한 정보와 합격 노하우를 배울 수 있다는 장점이 있습니다. 같은 목표를 가진 친구들과 선의의 경쟁을 하며 더 상세한 정보를 얻는다면 꿈에 한발 더 다가갈 수 있지 않을까요?

1) 예비 항공 승무원을 위한 추천 학과는?

어떤 과를 전공했든 항공 승무원이 되는 데는 큰 상관이 없습니다. 채용조건으로 특정 대학의 학과를 지정하지 않으니까요.

하지만 항공서비스 관련학과나 외국어를 익히는 데 유리한 어

체력을 기르기 위한 노력을 한다면 꿈에 한 발짝 더 가까이 갈 수 있을 것입니다. 또한 항공 승무원의 가장 중요한 업무가 비상시 안전관리이기 때문에 위기상황이 발생하였을 때 당황하지 않고 침착하게 위기를 대처할 수 있는 능력도 요구됩니다.

항공서비스 관련학과에서는 항공 승무원이 되는데 직접적인 도움이 될 만한 수업과 실습을 제공합니다. 또한 졸업생 선배들과의 유대관계를 통해 타 전공의 준비생들보다 정보를 더 빨리 취득할 수 있다는 점이 장점입니다.

3) 항공서비스 관련학과에서는 무엇을 배울까?

세계화 추세에 따라 외국 여행을 비롯한 국가간 이동이 활발해지고 항공 산업이 발달하면서 전문 항공서비스에 대한 요구가 증가하고 있습니다. 항공서비스 관련학과는 항공사와 기내에서 일할 관광 전문인을 배출하기 위하여 항공 업무 관련이론과 현장실무 등을 교육합니다. 여기에는 국제적 문화감각을 기르기 위한 외국어 교육과 친절한 고객응대를 위한 서비스 교육, 항공객실 서비스 및 발권 서비스 등도 포함됩니다.

•기초 과목
항공업무개론, 서비스예절, 관광학원론, 항공서비스영어

• **심화 과목**

항공객실업무, 기내서비스실무, 기내식음료서비스, 항공발권실무, 항공체험
실습, 호텔실무, 비서실무, 관광영어회화, 관광일어회화

4) 항공서비스 관련학과가 개설된 대학이 궁금해!

항공서비스 관련학과가 개설된 대학의 경우, 2년제는 대부분 서울 및
경기 지역에 4년제는 대부분 지방에 있습니다. 항공서비스 관련학과
중 가장 입시 경쟁률이 가장 높은 곳을 꼽자면 4년제의 경우
한서대학교로, 2016년 전형을 기준으로 할 때 인문계 전형과 일
반 전형은 정시를 통해 뽑지 않기 때문에 수시 경쟁률이 특히
높다고 합니다. 인문계 전형은 78.1:1, 일반 전형은 80.11:1이었
다고 합니다. 2년제 중 가장 경쟁률이 높은 인하공업전문대학
의 경우 2016년 입학 대상자 기준 수시 1차 일반고 전형 경쟁률
은 75.2:1, 수시 2차의 경우 37.7:1이었다고 합니다. 두 학교가
가장 경쟁률이 높고, 10:1 미만의 경쟁률을 보인 곳도 다수라고
합니다.

대부분 항공서비스 관련학과들은 수시 전형을 통해 신입생을 선발하는
경우가 많고, 정시를 통해 뽑더라도 그 인원이 적은 만큼, 미리 수시전형 준
비를 해두는 것이 좋습니다. 이를 위해 체험교실을 참여한다거나 각 항공사
에서 진행하는 견학 프로그램 등을 충분히 활용할 것을 권합니다.

항공서비스 관련학과의 수시전형 면접은 항공사 승무원 면접을 미리 치루는 것과 다를 바 없습니다. 항공사 면접 준비과정을 참고하여 철저히 준비하지 않으면, 높은 경쟁률을 뚫고 원하는 대학의 학과에 가는 것이 쉽지 않을 것입니다.

대학을 고를 때는 어느 대학의 학과가 취업률이 높은지, 점점 중요해지는 외국어 관련교육에 대해서는 철저하게 대비가 되어 있는지, 실제와 다를 바 없는 환경 속에서 교육이 진행되는지, 졸업생들과의 관계는 어떠하고 만남은 잦은지 등을 꼭 살펴보아야 합니다.

• 개설 대학교

전공 명	대학교 명	
중국항공운항 서비스학과	극동대학교	
항공경영학과	제주국제대학교	
항공관광서비스학과	경운대학교	
항공관광학과	대구한의대학교, 영산대학교(해운대캠퍼스), 서원대학교 송원대학교, 한서대학교	
항공서비스학과	광주대학교, 광주여자대학교, 경동대학교, 동신대학교, 동양대학교 배재대학교, 송원대학교, 중부대학교, 중원대학교, 초당대학교 한국교통대학교, 한국국제대학교, 호남대학교, 호서대학교	

전공 명	대학교 명
항공운항서비스학과	가톨릭관동대학교, 경주대학교, 극동대학교
항공운항학과	경운대학교, 초당대학교
항공호텔서비스학과	위덕대학교
호텔항공경영학과	배재대학교

•개설 전문대학

전공 명	대학교 명
관광항공호텔과	호산대학교
글로벌항공서비스과	원광보건대학교
항공경영과	인하공업전문대학
항공과	한양여자대학교
항공관광과	부산보건대학교, 수원과학대학교, 장안대학교, 한국영상대학교
항공서비스경영과	경북전문대학교, 한국영상대학교
항공서비스과	강동대학교, 경복대학교, 경인여자대학교, 대림대학교, 동서울대학교 동원대학교, 동의과학대학교, 두원공과대학교, 부천대학교 신구대학교, 연성대학교, 오산대학교, 인천재능대학교 제주관광대학교, 한국관광대학교
항공운항과	부산여자대학교, 인하공업전문대학
항공운항서비스과	상지영서대학교

문계열을 전공한다면 예비 항공 승무원으로서 자신의 특장점을 키우기에 효과적입니다.

• 어문계열

독일어·문학과, 러시아어·문학과, 스페인어·문학과, 영미어·문학과, 프랑스어·문학과, 기타 유럽어·문학과, 일본어·문학과, 중국어·문학과, 기타 아시아어·문학과 등

• 사회계열

항공스튜어디스과, 항공비서과, 항공운항과, 항공관광과, 항공서비스과 등

2) 항공서비스 관련학과가 궁금해!

항공과 관련된 전문 관광인력을 양성하는 학과입니다. 국제화 시대에 맞는 국제적 문화감각과 투철한 서비스 마인드를 가지고 있다면 흥미를 가지고 공부할 수 있습니다.

항공서비스학과를 나온 대다수의 사람들은 항공 승무원을 목표로 합니다. 항공 승무원은 다양한 문화와 인종을 접하게 되므로 외국의 문화에 관심이 많고 외국어 구사능력이 뛰어나다면 더욱 좋습니다. 항공 승무원은 국제선 비행시 업무시간이 길기 때문에 체력도 중요합니다. 평소에도

항공호텔관광과	서영대학교
호텔 · 항공서비스전공	영남이공대학교

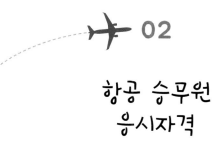

항공 승무원
응시자격

항공 승무원은 국내외 항공사의 공개채용을 통해 입사하게 됩니다. 수요가 생길 때마다 비정기적으로 선발하므로 채용시마다 선발 인원의 규모에 큰 차이가 있는 만큼, 항공사 채용 게시판을 수시로 확인하는 것은 필수입니다.

응시자격 조건은 회사마다 다른데, 학력 기준은 대부분 전문대학 이상의 대학 졸업자 또는 예정자입니다. 국내 항공사의 경우 응시기준 이상의 공인 영어 성적(최근 2년 이내의 토익 성적 550점 이상)을 획득해야 하고 회화 능력도 갖추면 좋습니다. 외국여행을 하는데 결격사유가 없어야 하며, 회사에 따라 인턴 객실승무원으로 근무 후 심사를 통해 정규직으로 전환되기도 합니다. 지원자들이 취득해야 할 별도의 자격증은 없습니다. 남자의 경우에는 병역이 면제되거나 필한 경우 지원이 가능합니다.

일부 회사에서는 채용과정에서 체력 테스트의 하나로 수영 시험을 보기 때문에 관련교육이나 훈련을 미리 받아놓아야 합니다. 키를 포함한 외모에 대한 규정도 각 항공사마다 다르기 때문에 반드시 미리 확인해두어야 합니다.

　그밖에 각 나라의 다양한 문화에 관심을 갖고 관련상식을 쌓아 놓으면 입사 후, 업무수행에 도움이 됩니다. 패밀리레스토랑 아르바이트 등 사람을 응대하는 서비스 직종에서 경력을 쌓는 것도 좋습니다. 많은 항공사에서 장시간 비행기를 타야 하는 고객들에게 다양한 서비스(네일케어, 마술, 편지쓰기 등)를 제공하기 때문에 자신만의 특기가 있고 선발과정에서 이를 부각시킨다면 역시 합격에 도움이 됩니다.

　항공 승무원은 업무시간이 불규칙하고 시차적응이 필요한 직업입니다. 그리고 각종 항공기 내에서의 돌발상황에 대처해야 하고, 난동을 부리는 손님이나 무리한 요구를 하는 고객들을 상대하는 경우도 있기 때문에 건강한 체력과 건강한 정신력이 필수입니다.

✈ 03

항공 승무원에 적합한
성격과 가치관은?

1) 항공 승무원에 적합한 성격

한국직업정보시스템(WORKNET) 자료에 의하면, 항공 승무원에 적합한 성격은 중요도(최대 100)에 따라 크게 네 가지로 분류됩니다. 바로 혁신, 리더십, 분석적 사고, 정직성입니다.

가장 높은 중요도(35)를 보인 혁신은 새로운 아이디어를 산출하거나 어떤 문제를 해결하기 위해 기발한 아이디어와 대안을 생각해내는 것을 뜻합니다. 더 나은 서비스를 제공하는 데 기여할 수 있는 승무원인지가 중요한 덕목인 것입니다.

많은 사람들이 항공 승무원은 참을성, 배려심, 사회성이 중요할 것이라 생각할 수 있는데, 꼭 그렇지는 않습니다. 승무원은 단순 서비스직이 아니라 전문직으로서, 전문화된 서비스 영역을 새롭게 개발하고 실천해야 하는 직업이기에 혁신을 중요한 성격요소 중 하나로 봅니다.

중요도 19인 리더십은 타인을 이끌고 다른 사람에게 의견을 제시하거나 방향을 설정해 주는 것입니다. 승무원은 팀으로 운영됩니다. 선후배 사이에서 서로의 의견을 조율하고 자신이 맡은 업무에 대해서는 주도적으로 한발 먼저 움직이는 자세가 중요하기에 리더십 역시 필요한 덕목입니다.

중요도 15인 분석적 사고는 문제에 대한 답을 구하기 위해 정보를 분석하거나 논리를 사용하는 것입니다. 가장 낮은 중요도인 1을 보인 정직성은 솔직하고 도덕적인 것입니다. 기본적인 태도로서는 중요하겠지만 직접적인 업무수행과는 다소 거리가 멀기 때문에 상대적으로 중요도가 낮습니다.

2) 홀랜드의 직업 흥미 이론으로 본 항공 승무원

홀랜드(John L. Holland)는 직업이론의 창시자로 존스홉킨스 대학교에 재직했던 미국의 심리학자입니다. 그는 '흥미가 진로결정에 큰 영향을 끼친다.'는 전제하에 직업의 적성을 여섯 가지 유형으로 분류했습니다. 곧 '실제형(현실형)', '탐구형', '예술형', '사회형', '진취형(기업형)', '사무형(관습형)'입니다.

• 실제형(R)
솔직하고 성실하고 검소하며 몸을 움직여 활동하는 성격을 지니고 있습니다. 소박하고 말이 적으며 기계를 다루는 데 적합합니다. 대표직업은 기술자, 운동선수, 농부, 요리사, 군인입니다.

• 탐구형(I)

탐구심이 많고 논리적·분석적·합리적 성격을 지니고 있습니다. 지적 호기심이 많아 수학과 과학에 적성을 보입니다. 대표직업은 과학자, 의사(외과), 심리학자, 수학자, 교수입니다.

• 예술형(A)

상상력과 감수성이 풍부하며, 자유분방하고 개방적인 성격을 지니고 있습니다. 예술에 소질이 있고, 창의적인 것을 창출해내는 재능이 있습니다. 대표직업은 음악가, 작가, 건축가, 방송연출가, 만화가입니다.

• 사회형(S)

다른 사람에게 친절하고 이해심이 많으며, 남을 도와주려는 경향이 높고, 봉사하고자 하는 마음이 큽니다. 대인관계를 이끌어갈 능력이 뛰어나고 사람들을 좋아하는 성향을 지니고 있습니다. 대표직업은 교육자, 사회복지사, 경찰, 간호사입니다.

• 진취형(E)

지도력과 설득력을 가지고 있고, 열성적이고 경쟁적이며 이성적 성향이 강합니다. 외향성과 통솔력을 지니고 있으며 언어와 관련된 적성이 높습니다. 대표직업은 정치인, 변호사, 영업사원, 외교관, 사업가입니다.

• 사무형(C)

책임감이 강하고 빈틈이 없으며, 행동을 할 때 조심스러운 면을 보입니다. 계획에 따라 행동하기를 좋아하고 변화를 반기지 않습니다. 사무능력과 계산능력이 좋습니다. 대표직업은 행정공무원, 공인회계사, 비서, 은행원, 컴퓨터 보안 전문가, 프로그래머입니다.

그렇다면 이 여섯 가지 직업 유형 가운데 항공 승무원은 어디에 해당할까요? 정답은 '사회형'입니다. 정확히 말하면 진취형이 가미된 사회형(SE)입니다. 서비스를 제공하는 일과 함께 안전을 살피는 일을 하기 때문입니다.

04

10년 후 항공 승무원의
직업 전망은?

생활수준이 점점 높아지면서 여가를 어떻게 보낼지에 대한 관심이 높아지고 있습니다. 주 5일 근무제로 여행과 레저 산업의 규모가 커지고 있습니다. 인구의 고령화와 저출산이 지속되면서 그만큼 자신에게 투자할 시간이 늘어나 외국여행이 보편화되고, 국제교류가 활발해져 출장 등으로 외국에 나갈 일이 잦아졌습니다.

이런 사회 변화는 여객 수송량과 여객기의 수를 증가시켰습니다. 2011년 우리나라 항공 운송 여객(5,370만 명)이 2007년에 비해 약 18.5%가 늘어났고, 항공기 등록 대수는 2008년 449대에서 2012년 573대로 증가했습니다. 이러한 증가세는 항공 승무원 취업자 수에 영향을 미쳤습니다. 항공 승무원 취업자 수가 2008년 7,100명에서 2013년 10,000명으로 2,900명 증가한 것입니다(한국고용정보원 「2013-2023 인력수급전망」 참조). 우리나라 사람들의 외국여행뿐 아니라 경제성장을 통해 부유해진 중국, 인도, 브라질 사람들의 우리나라 방문도 증가했습니다. 이러한 항공 수요증가는 항공 승무원의 일자리 증가에 긍정적 영향을 미칠 것입니다.

최근, 국내에 취항하는 외국 항공사들이 현지인 채용을 적극 추진하고 있어 항공 승무원에 대한 수요가 늘고 있습니다. 몇 년 전부터 새롭게 등장한 저가 항공사 역시 항공 승무원 일자리를 늘리는 요인으로 꼽힙니다. 저가 항공사에서 근무하는 항공 승무원의 임금은 대규모 항공사보다 낮은 편이지만, 취업할 기회가 늘어났다는 점에서 더 나은 취업환경이 만들어졌다고 볼 수 있습니다. 또한 외국계 항공사에 취직하는 경우도 늘고 있습니다. 상대적으로 경쟁률은 낮으면서도 외국에서 살면서 직장생활을 할 수 있다는 특이성 때문에 선호하는 사람들이 많습니다.

　　항공 승무원은 서비스업 중 연봉이 높은 직종으로 알려져 있고, 다양한 문화를 접할 수 있는 기회의 창이라는 인식이 있어 항공서비스 산업은 앞으로도 계속 발전할 것입니다

05

항공 승무원 직업체험에
참여해보자!

1) 항공사의 승무원 체험교실

항공사의 항공 승무원 체험교실은 비정기적으로 열리는 경우가 많기 때문에 참여하고 싶다면 자주 정보를 확인해 보는 것이 좋습니다.

아시아나항공은 항공 승무원이 되고자 꿈꾸는 청소년과 대학생들이 신입 승무원 교육과정을 직접 체험할 수 있는 '승무원 체험교실'을 운영합니다. 교육 대상은 현재 재학중인 고등학생과 대학생, 일반인이며 교육 형태별로 1일 과정과 2~3일 합숙 과정으로 나뉩니다. 교육 프로그램으로 승무원 기초 예절, 표정 인사법, 기내 서비스 체험 및 실습, 비상 탈출 이론, 슬라이드 탑승 등이 있으며 현직 승무원과 대화하는 시간도 갖습니다.

중학생을 위한 '아름다운 승무원 멘토 교실'도 있습니다. 승무원 훈련 시설을 견학하는 것은 물론, 승무원이 갖춰야 할 매너와 기본 서비스를 배울 수 있습니다. 그 밖에 청소년을 대상으로 승무원, 조종사, 정비사 등 전문 직업인이 청소년을 대상으로 직접 강연하는 교육기부 프로그램인 '색동 나래교실'도 진행되고 있습니다.

티웨이 항공은 어린이를 위한 항공 승무원 체험교실 및 소외계층 어린 이를 위한 항공영어 체험활동 등을 비정기적으로 진행하고 있습니다. 대한항공은 2년에 한 번씩 열리는 모의 비행 대회(Flight Simulation Contest)를 전후하여 항공 승무원 체험교실을 비정기적으로 개최합니다.

2) 교육부와 여성가족부가 주최하는 박람회

'대한민국 청소년 박람회'는 국내 최대의 청소년 행사입니다. 여성가족부와 광역자치단체가 공동 주최하는데, 다양한 청소년 활동체험과 문화에 대한 정보를 공유하는 장입니다. 항공 승무원 체험 부스는 해마다 승무원을 꿈꾸는 청소년들로 북적입니다.

교육부의 주최로 열리는 '대한민국 교육기부&방과후학교 박람회'에서도 조종사, 승무원 등 항공업 관련 직업 체험을 경험할 수 있습니다. '대한민국 교육기부&방과후학교 박람회'는 학생들이 꿈과 끼를 찾도록 도와주는 다양한 교육기부 프로그램을 제공하는 행사로, 해마다 9월경 개최합니다. 매해 프로그램에 변화가 있으므로 행사장을 방문하기 전에 승무원 관련 프로그램이 마련되어 있는지 확인해 보시기 바랍니다.

3) 지방자치단체가 주최하는 청소년 진로 박람회

경기도 고양시는 매년 '청년드림 job 페스티벌'을 개최합니다. 행사장에 진로직업설계관, 직업인토크관, 직업체험관, 학과체험관을 설치하고 진로상담교사와 대학생 멘토, 전문 직업인을 배치하여 진로직업 설계를 돕습니다. 행사장을 방문하기 전에 항공 승무원 관련 부스가 있는지 확인하는 것이 좋습니다.

경기도 용인시가 주관하는 '용인시 청소년 진로 박람회'에서는 항공서비스 관련학과 재학생들을 만날 수 있습니다. 항공 승무원 업무와 기내 비상사태 발생시 안전에 관한 설명을 들을 수 있고, 평소 항공 승무원에 대해 궁금했던 점도 질문할 수 있습니다.

4) '한국잡월드'에서 맛보는 항공기 체험

'한국잡월드'는 어린이와 청소년에게 다양한 직업세계를 탐색하고 체험할 기회를 제공하고, 건전한 직업관 형성과 직업선택을 지원하기 위한 마련된 고용노동부 산하기관입니다. 국내 최대의 최첨단 직업전시 및 체험시설로 어린이·청소년 체험관과 진로설계관, 직업세계관을 갖추고 있습니다. 항공사 체험은 모형 항공기 안에서 이뤄지는데 조종사와 항공 승무원 업무를 경험해볼 수 있습니다.(www.koreajobworld.or.kr)

5) 아이지니어스 진로직업체험교육센터의 승무원 & 항공서비스 체험 활동

경기도 부천시에 위치한 아이지니어스 진로직업체험 교육센터는 청소년 수련활동 인증 프로그램 운영기관 및 서울시 교육청 서울교육인증기관입니다.

항공 승무원 및 항공서비스 체험 활동은 '찾아가는 진로교육 프로그램' 중 하나로 항공 승무원 출신 강사가 직접 신청자들에게 찾아가 교육합니다. 항공 승무원의 역할과 기본자세, 관련 자격증과 공채정보, 준비과정 등을 이해하고, 탑승부터 목적지 도착까지 과정을 롤플레잉으로 실습합니다. 교육대상은 초등학생(10세 이상)부터 고등학생이며 교육 가능지역은 수도권 및 충청, 강원 일부입니다. 최소 100명 이상 신청해야 교육이 가능합니다 (www.igenius.co.kr).

6) 항공서비스 관련학과가 운영하는 승무원 체험교실

주 최	내 용
원광보건대학교 항공서비스과	고등학교 학생들을 대상으로 진로탐색과 체험의 장을 마련하고자 '일일 항공 승무원 체험교실'을 개최합니다. 인사 교육, 머리 모양 교육, 미소 훈련 교육 등을 진행하며 가상 비행, 기내식 체험, 유니폼 착용 등을 경험할 수 있습니다.
경기대학교 평생교육원 항공서비스학과	모형 항공기 안에서 항공 승무원의 업무와 조건 등을 주임교수가 직접 강의한 뒤, 유니폼을 입고 항공 승무원이 되어 객실 서비스를 체험합니다. 메이크업과 헤어 스타일링을 배우고 직접 도전해 보는 시간도 갖습니다.
극동대학교 항공운항서비스학과	실제 학교에서 배우는 전공관련 교과목 내용을 전달하고 직접 항공 승무원 체험을 함으로써 꿈을 실현하기 위한 기본 소양을 갖추는데 도움을 주고 있습니다. 프로그램 내용은 기내 방송, 식음료 서비스, 이미지 메이킹, 롤플레이 등입니다.
명지대학교 사회교육원 항공서비스경영과정	참가자를 세 개조로 나누어 메이크업 실, 워킹 룸, 비행 실습실 등 항공 승무원들이 일하는 다양한 환경을 접하게 하고, 서비스 용어 익히기, 방송강의, 면접인사, 워킹 실습 등을 통해 진짜 승무원이 받는 교육에 대한 맛보기와 모의면접을 체험할 수 있습니다.
호남대학교 항공서비스학과	고3 수험생들을 위해 일일 항공 승무원 체험교실을 개최합니다. 고3 학생만 교육대상으로 삼기 때문에 진학담당교사나 담임교사의 추천서가 반드시 필요합니다. 항공서비스학과 소개, 항공사 교육훈련원 교관과 사무장의 특강, 면접 이미지 메이킹 전략, 현직 항공 승무원과의 대화, 재학생의 멘토링 프로그램 등이 마련됩니다.

그밖에 연성대학교, 서영대학교, 호서직업전문학교, 한국항공직업전문학교 등에서도 항공 승무원 체험교실을 개최하고 있습니다.

항공 승무원과 관련된
다양한 직업 엿보기

항공 승무원은 '운송'과 '여행' 분야의 직업입니다. 비행기라는 운송 수단으로 사람이나 짐 따위를 실어 옮기는 일에 종사하면서, 승객이 목적지까지 안전하고 편안하게 여행할 수 있도록 서비스를 제공하기 때문입니다. 항공 승무원과 관련한 직업을 비행 관련분야와 여행 관련분야, 두 가지로 나눠서 소개합니다.

1) 비행과 관련된 직업

• 항공기 조종사

항공기가 정해진 시간에 목적지까지 안전하게 도착할 수 있도록 조종하는 일을 합니다. 사람이나 화물을 실어 나르는 일뿐 아니라, 탐색과 구조, 항공 측량, 새 비행기의 성능평가를 위한 시험비행도 맡습니다. 비행하기 전에 기상조건과 항공기 상태를 파악하고, 비행중에는 관제탑과 교신을 주고

받으며 항공교통관제사의 지시를 받습니다. 비행중 생기는 여러 상황을 판단하여 승무원을 지휘하는 등 비행 전반에 대한 권한과 책임을 갖습니다.

항공기 조종사가 되려면 몇 가지 방법이 있습니다. 첫째, 공군사관학교를 졸업하고 군 조종사로 10년 이상 복무한 뒤 민간 항공사에 취업하는 것입니다. 둘째, 대학의 항공운항학과에 입학하여 학군단 생활을 하며 비행 기초훈련을 받다가 군 조종사로 의무 복무한 뒤 취업하는 방법입니다. 셋째, 4년제 대학교에 다니다가 공군 조종 장학생으로 선발되는 방법입니다. 넷째, 4년제 대학 졸업 후 항공사에서 선발하는 조종 훈련생이 되거나 사업용 조종사 면허를 취득한 뒤 회사에서 항공기 조종사 훈련을 받는 방법입니다.

•항공기 정비사

항공기의 안전 운행을 위해 항공기의 엔진, 조종장치, 착륙장치 등을 점검하고 수리합니다. 크게 운영-기획-중정비 분야로 나뉩니다. 운영 분야는 현장 정비를 맡습니다. 기획 분야는 정비계획을 세우고 항공기 정비사에 대한 교육과 기술 지원을 담당합니다. 정비 분야는 항공기 부품 제작이나 장비 관리업무를 합니다. 현장 정비사의 경우, 활주로에서 더위와 추위를 이겨내야 하므로 육체적으로 고되지만, 승객의 안전을 지킨다는 자부심으로 만족을 느끼며 일합니다.

항공기 정비사가 되려면 전문대학이나 직업훈련기관에서 항공정비 기술을 배우고 '항공 정비사' 자격을 취득해야 합니다. 공군이나 육군 항공부대 출신 경력자가 민간 항공사에 취업하여 정비사로 일할 수도 있습니다.

• 항공교통관제사

항공교통관제사는 공항의 관제탑에서 비행기의 모든 움직임을 관리하고 통제합니다. 조종사에게 풍향과 풍속, 가시거리와 공항의 고도를 알려 주고, 어느 활주로를 이용하여 이륙하고 착륙해야 하는지 지시합니다. 이륙한 후 어떤 노선과 고도로 비행해야 하는지도 지정해 줍니다. 또 이착륙시 장애가 될 차량이나 사람 등을 파악하여 안전하게 대피시키고 통제합니다. 이렇듯 비행기는 관제사의 허락 없이 단 1미터도 움직일 수 없습니다.

항공교통관제사가 되려면 항공교통관제사 자격증이 필수입니다. 이를 위해서는 국토해양부가 지정한 전문교육기관에서 교육받거나, 항공교통관제사 자격증 소지자에게 9개월 이상 관제 업무를 배우거나, 항공교통관제사 시험과목을 교육받고 6개월 이상 관제업무를 한 뒤 시험에 응시하여 합격하면 됩니다.

• 항공운송사무원

항공사에서 일하며 승무원의 비행계획을 관리하고 항공기 운항에 따른 비행노선과 기종, 출발시간 등을 작성합니다. 비행기가 정규운항을 못할 경우 임시운항 계획을 마련하고 화물을 취급하는 업무를 수행합니다. 공항에서 직접 고객을 대하는 '공항서비스직'과 항공사 본사 또는 지점에서 일하는 '일반직'으로 분류할 수 있습니다.

자격증이 필요한 업무는 아닙니다. 다만 외국어에 능통하면 대면서비스 업무를 하는 데 유리합니다. 입사 후 공항시스템에 대해 충분한 교육이 이뤄지므로 미리 학원을 수료할 필요는 없습니다.

2) 여행과 관련된 직업

• 선박 객실승무원

선박 객실승무원은 크게 크루즈승무원, 유람선승무원, 여객선승무원으로 구분할 수 있습니다. 크루즈승무원은 외국 유명 관광지를 항해하는 대형 크루즈에서 근무하고, 유람선승무원은 한강이나 부산 해운대 근처를 운행하는 유람선에서 일합니다. 여객선승무원은 부산-일본, 인천-중국 등 국제 여객선과 국내의 육지와 섬을 연결하는 여객선에서 서비스를 제공합니다. 이들은 선박의 객실, 면세점, 식당 및 바(bar), 매점 등 각 구역을 담당하며, 순환 근무를 하기도 합니다.

전문대학이나 대학교에서 관광 관련 분야를 전공했거나 선박이 취항하는 해당국가의 언어에 능통하다면 선박 객실승무원이 되는 데 유리합니다. 한편, 외국으로 취항하는 선박회사에서는 한국해양수산연구원의 기초안전교육과 여객선 기초교육과정 이수를 자격요건으로 제시하기도 합니다.

• 열차 객실승무원

열차 객실승무원은 KTX(고속철도)와 새마을호에 탑승하여 검표, 안내, 고객서비스 업무를 수행합니다. 보통 열차팀장(여객전무)과 함께 탑승하는데, 열차팀장은 객차의 안전이나 시설, 운행, 비상사태에 관한 업무를 주로 맡습니다. 열차팀장(여객전무)은 한국철도공사(코레일) 소속이고, 열차 객실승무원은 코레일투어서비스 소속으로 승무 업무를 담당합니다.

고졸 학력 이상이면 누구나 열차 객실승무원을 지원할 수 있습니다. 관련

학과로 철도승무과가 개설되어 있어 철도 관련업무를 배울 수 있지만, 실제 채용과정에서는 전공 학과와 무관하게 직원을 채용합니다.

주된 업무가 고객 서비스이므로, 서비스 관련업종에서 근무한 경험이 있거나 응급처치와 관련한 자격증을 소지하고 있다면 채용에 유리할 수 있습니다.

• 여행사무원

여행사무원은 여행객을 모집하고, 그들을 상대로 상담하여 여행 상품을 추천하거나 판매하는 일을 주된 업무로 삼습니다. 여행객의 요구에 맞게 일정을 변경하거나 새로운 상품을 만들기도 합니다. 또 여행객의 여권과 비자 발급을 대행하고, 여행 경비를 입금받는 업무를 수행합니다. 회사에 따라서는 평소에 사내 업무를 하다가 단체 여행객이 있을 때면 공항 등에 찾아가 여행객을 직접 인솔하는 일을 맡기도 합니다. 항공권 예약 및 발권을 담당하고, 각종 여행 관련사항(숙박, 교통, 식당, 쇼핑센터 등)의 예약을 담당합니다. 여행객이 여행을 마치면 여행경비의 정산 업무도 처리합니다.

여행사무원이 되는 데에는 학력 제한이 없습니다. 대학의 관광 관련학과(관광경영, 국제관광, 호텔경영)가 많이 개설되면서 전공자의 취업이 늘고 있습니다. 관련분야의 업무 경험이 있거나 국내외 여행 경험이 많으면 일하는 데 도움이 됩니다. 가이드 및 인솔자 자격증을 가지고 있으면 취업에 유리합니다.

• 관광통역안내원

관광통역안내원은 국내를 관광하는 외국인 관광객을 돕는 '관광통역안내원(국내관광안내원: Inbound Tour Guide)'과 외국으로 나가는 내국인의 인솔을 돕는 '해외여행 인솔자(Tour Conductor)'로 구분됩니다. 관광통역안내원은 공항 마중, 환전, 숙박 시설, 교통편 등 입국에서 출국에 이르기까지 일정에 관한 모든 편의를 외국인 관광객에게 제공합니다. 해외여행 인솔자는 내국인이 외국 여행을 할 때 동행하여 공항에서 수속 업무를 대행하며, 관광지를 안내하고 통역을 합니다.

관광통역안내원으로 일하려면 영어, 중국어, 일어 등의 어학능력이 필수입니다. 관광에 흥미가 있어야 하며, 대부분의 시간을 관광객과 함께 보내야 하므로 인내심과 더불어 활발한 성격, 원활한 의사소통 능력이 필요합니다. 관광객을 인솔해야 하므로 리더십이 요구되며, 여러 상황에 대한 대처능력도 필요합니다. 관련 자격증으로 '관광통역안내사'가 있습니다. 자격증을 가지고 있으면 여행사 취업은 물론, 검증된 전문가로 인정받아 프리랜서로 일할 때 유리합니다.

Best 3

• Real Info •

"

항공 승무원의 세계가 궁금하다면?

이 웹툰을 봐!

전·현직 항공 승무원들이 항공 승무원 생활 중 겪는
다양한 에피소드를 재미있게 그려낸 **웹툰**을 소개합니다.

쉬는 날이라서 친구들에게 전화해도, 평일에 주로 쉬는 날이 잡혀
친구들과 만나지도 못하고 집에서 혼자놀기의
달인이 되어간다는 이야기라거나, 흔한 비닐 샤워캡을
유니폼 모자 보관용으로 사용하니 좋더라는 이야기,

특이하고 재미있는 손님 이야기 등 꼭 승무원이 꿈이 아닌
사람이라도 **재미있게 볼 만한 에피소드**들이 가득합니다.

리얼 Real 항공 승무원

1. 투명 매니큐어를 바르는 승무원

• 작가 지나

• 유명 리조트 직원, 크루즈 승무원 등을 거쳐 항공 승무원으로 일하고 있는
  작가의 깨알 같은 일상이 돋보입니다. 네이버 웹툰에서 완결되었습니다.

  작가 블로그 http://blog.naver.com/ginahihi

2. 플라잉 독개비

• 작가 listen21

• 전직 항공 승무원으로 네이버 웹툰에 작품을 연재했습니다. 작가 블로
  그에는 항공 승무원으로 일하며 겪었던 이야기와 승무원을 그만두던
  때의 느낌 등을 담은 일기가 있습니다.

  작가 블로그 http://blog.naver.com/listen21

3. 애니의 유쾌한 비행

• 작가 flyinganne

• 블로그에 항공 승무원으로서의 일상에 대한 글들과 만화를 연재했습니다.
  귀여운 그림에 엉뚱한 에피소드가 눈길을 끕니다.

  작가 블로그 http://blog.naver.com/flyinganne

리얼Real 항공 승무원

초판 1쇄 발행 2016년 10월 14일
초판 4쇄 발행 2023년 11월 27일

지은이 | 〈MODU〉 매거진 편집부, 이정호
사진 | 〈씨네21〉 최성열, 아시아나항공 홍보팀
펴낸곳 | (주)가나문화콘텐츠
펴낸이 | 김남전
편집장 | 유다형
편집 | 김아영
교정교열 | 주인공
디자인 | 양란희
마케팅 | 정상원 한웅 정용민 김건우
경영관리 | 임종열 김다운

출판 등록 | 2002년 2월 15일 제10-2308호
주소 | 경기도 고양시 덕양구 호원길 3-2
전화 | 02-717-5494(편집부) 02-332-7755(관리부)
팩스 | 02-324-9944
홈페이지 | www.ganapub.com
이메일 | ganapub@naver.com

ISBN 978-89-5736-867-1 (04300)
       978-89-5736-868-8 (세트)